思想觀念的帶動者

文化現象的觀察者

本土經驗的整理者

生命故事的關懷者

心靈工坊 PsyGarden

Master

對於人類心理現象的描述與詮釋
有著源遠流長的古典主張，有著速簡華麗的現代議題
構築一座探究心靈活動的殿堂
我們在文字與閱讀中，尋找那奠基的源頭

神話の心理学

神話心理學

現代人の生き方のヒント

來自眾神的處方箋

河合隼雄—著
河合俊雄—編
林詠純—譯

目錄

第五章 靈活的智慧 137

【推薦序一】

走進神話森林，尋找自己的樹

蔡怡佳／輔仁大學宗教學系副教授

重新把神話與當代生活聯繫起來的作者之中，台灣讀者最熟悉的應該就是美國神話學者喬瑟夫．坎伯（Joseph Campbell）了。坎伯的《千面英雄》（*The Hero With A Thousand Faces*）分析「英雄」的神話母題在跨文化神話中的心理普遍原型，影響廣泛，甚至成為《星際大戰》（*Star Wars*）拍攝的靈感來源。坎伯對大眾文化的影響說明了現代人雖然擁有不斷進展的科學知識，仍然渴望神話；或者說，正是因為科學對於「知」的拓展，人們才更感知到「未知」的新邊際。那些活著而非要面對不可的問題，那些不斷被人思考、但沒有答案的重要問題，正是以神話的形式，不斷地言說。河合隼雄在本書中，提出神話如何成為「現代人生活方式的提示（hint）」。與 hunt 在字源學上同源的 hint，可以理解為意義的追捕。做為心理學家的河合隼雄，在本書娓娓道來的，就是用那張「有靈魂的心理學之網」所捕獲到的神話智慧。

神話因傳講而活，說故事的人與聽故事的人們在講述與聆聽中成為神話的傳人，也共同分享存在的意義。當神話不再被傳講時，我們也跟著失去了重要的東西。河合隼雄認為現代人的孤獨與不安與失去和神話的聯繫有關。不提供神話指引的社會，可能讓個體陷於險境，成為邪教興起的溫床。從這個角度來看，河合隼雄重新閱讀神話的主張，就像是他對於失落神話的社會所提供的處方箋。處方箋中的神話不限於特定的宗教傳統或是地域，即使我們不歸屬於特定的傳統，仍然可以從這些神話中獲得智慧。透過河合隼雄的分析，這些神話與我們存在的境遇以及種種難題產生了聯繫，這種聯繫的可能性，源於河合隼雄對於無意識（unconscious）的深刻理解。與神話的再聯繫，也意味著聆聽無意識，也就是意識過度單面發展時所忽略的心靈整體。

心靈某個極為重要的部分失去時，人會變得如何？波蘭小說家奧爾嘉．朵卡萩（Olga Tokarczuk）在繪本《迷失的靈魂》（*Une âme égarée*）中，說了一個關於靈魂迷失的故事：

曾經有一個事情做得又快又多的男子，長久以來把他的靈魂拋諸身後。沒有靈魂，他活得更輕快，照常吃喝工作。只是有時候，他覺得周遭一切都變得好扁平，而他自己則彷彿在數學筆記本中的平滑方格紙上，不停地移動。

某一天，男子在奔波的旅途中，突然忘了自己身在何處，要做什麼，甚至忘記自己的名字！從行李箱的護照中，他才找到了自己的名字。他去尋求一位以智慧聞名的醫生協助時，醫生告訴他：如果有人可以從高處俯瞰我們，他會看到這個世界充滿匆匆忙忙奔向四方的人群，汗如雨下，疲倦不堪。但他也會同時看到這些人失落的靈魂，在後面掙扎著想追上。靈魂失去了他們的頭，而人們失去了他們的心。靈魂知曉所失去的，但人們對於失去靈魂這件事情卻渾然不覺。

醫生給男子的藥方是「等待」：他必須找到一個地方，安靜地坐下來等待靈魂。等待的時日可能很久，但沒有其他的辦法。男子接受了醫生的建議，在城郊找到一間小屋，每天安靜地坐在椅子上，什麼也不做，除了「等待」。一日又一日，一月又一月，頭髮越來越長，鬍鬚都及腰了。

終於，在某一天的下午，有人敲門，男子看見他的靈魂出現在門口，看起來又累又髒，全身布滿傷痕。

與靈魂重逢的男子，和他的靈魂快樂地生活了很多很多年。男子不時提醒自己，做事情時不要太快，以免靈魂跟不上。在某個晴天，男子將他的鐘錶和行李箱埋在花園中。鐘錶開出了喜悅的花朵，宛如色彩繽紛的鈴鐺。行李箱紮了根，變成巨大的南瓜，成為漫長寧靜之冬的佳糧。

因為世界的速度太快，靈魂追趕不上我們，是不是很像我們與神話的關係呢？故事中充滿智慧的醫生開給男子的藥方，也很像河合隼雄開給現代人的處方箋。失去靈魂的男子需要在小屋的椅子上安靜等待，好讓迷失的靈魂可以重新找到他，再度共同生活。河合隼雄希望我們可以藉著他的閱讀重新走入神話森林，找到自己的樹，以獲得活下去的力量。從人類集體心靈湧現的神話，有時會被遺忘，但也可能藉著像河合隼雄或是朵卡萩這些對於無意識心靈充滿洞察的書寫者，透過重新閱讀或是故事的創造，讓神話繼續和我們共同生活，成為我們心靈花園喜悅的花朵與幫助我們渡過寒冬的佳糧。

【推薦序二】

透過神話的智慧為現代人的文明病尋找答案

銀色快手／知名作家

我記得是二〇〇四年去見河合隼雄先生，那時剛翻譯完《原來如此的對話》是小說家吉本芭娜娜與河合隼雄的對談集，因緣際會參與了河合與山中康裕教授進行的沙遊治療與榮格心理學座談。

初次印象十分和藹可親，感覺有種無法言喻的包容力與智慧，他是日本心理學的權威，也是文化廳長官，感覺河合先生是個非常忙碌的人，為了傳播思想的正面力量到處奔走不遺餘力。

從《繪本之力》我開始讀河合的書，他與村上春樹、小川洋子的對談集也讀了，對於創作小說的動機和心靈層面的瞭解有了更深的認識。後來又讀《日本人的傳說與心靈》、《佛教與心理治療藝術》、《高山寺的夢僧》（皆心靈工坊出版）對於我當時在研究日本民間故事與妖怪文化也有著深刻的啟迪。接著我開始研讀有關河合研究兒童心理方面的書籍，近期最有興趣的是《童話心理學》這本書，很多根源於內心的恐懼和欲望都能從他的童話解析當中獲得原來如此的領悟，實在是獲益匪淺。

所以當我收到《神話心理學》的書稿，內心的驚訝和喜悅，讓我忍不住在內心大聲吶喊「就是這個！」這就是我一直以來想找的書，沒想到它親自送上門來，真是踏破鐵鞋無覓處，得來全不費功夫。不管是進行文化傳播或是文學與電影的文本解讀，我們經常要仰賴神話的結構分析，這時候坎伯的神話三部曲以及河合先生的著作就會派上用場，幾乎是我身邊常備的工具書，但萬萬沒想到在本書裡頭，直接挑明了指出當代社會的病灶與現代人心靈的問題，該何去何從，如何解決內心的孤獨與不安，都有詳細的指引深入淺出的帶領讀者去追尋屬於自己的個人神話，才明白啟動內在的神話機制有其必要性，當我們感到茫然，找不到方向的時候，我相信本書的內容將是指引道路的一盞明燈。

不像一般坊間的勵志書或身心靈的書，寫的通俗實用立竿見影或是虛無飄渺漫無邊際，以河合先生的淵博的學識和資歷，將屬於東方文化的日本神話與希臘神話作了有系統的介紹之外，也舉了許多文化、社會、心理層面相關的實例，去印證神話經典早已為我們人生準備好的心靈指南，和看待世事的一種神知的觀點與角度，人的命運不是自己主宰的，人的行動也不完全是自己決定的，固然人有自由意志，但有些時候我們仍然被看不見的力量所控制而苦惱不已。

要如何去理解人世間的無常以及掌握能夠因應快速變化的時代節奏，我們必然需要支持的力量與互助的網絡，與其在焦慮與迫切感逼臨的生活中惶惶不可終日，不如好好靜下心研讀這本神話入門書，相信在人生各方面都會得到助益。

掌握了神話的智慧，內在的道路一定會走得穩健又踏實。

前言

大家常說戰後六十年云云，但即使排除戰爭，人類的生活方式在這半個世紀間，也可說發生了相當急遽的變化。

現在的生活，相較於五十年前有多少差異呢？食衣住行等所有的一切，不都正在經歷過去難以想像的富足與便利嗎？

但最重要的一點，現代人真的變得比過去的人更加「幸福」了嗎？即使現代人確實過著方便舒適的生活，但怨嘆自己不幸的人也很多。

我想只要攤開報紙來稍微看一下，就能發現，天災另當別論，因為「人禍」而遭遇不幸的人，多到不勝枚舉。甚至還有父母殺害孩子，或是孩子殺害父母的社會案件。

大家過去認為——經濟上的貧困，是導致犯罪的原因，但，現在有些人不再貧窮了，甚至還頗為富裕；這些人明明有錢，卻變得不幸，也或者可以說，就是因為有錢，所以才變得不幸。

當物質生活變得富裕，人類為了獲得幸福，在心靈上就必須付出相對應的努力。因為在物質生活貧乏的時候，光是吃飽就有困難，所以心靈上的事，不太會是問題；但是當生活富裕起來，生活方式的選項增加了，與之相符的，心靈上的富足與智慧，就變得必要。

這裡所指的「智慧」，與「知識」不同。舉例來說，對一名父親而言，不管蒐集再多的資料，這些資料對他在與兒子的相處上，都不會帶來多大幫助。而不管什麼事都用錢來解決的父母，在孩子身上花費太多金錢而導致失敗的例子也很多。

想要學習生存所需的高深智慧，我認為「神話」是很好的素材。為什麼過時而且不明所以的「神話」故事，可以在現代發揮作用呢？這是因為神話描述的內容，與人類存在最根本的部分有關。

人生在世並不容易。但有時候，有些人說出來的話，會讓你以為單純的原理或想法就能解決一切。

主張金錢萬能，認為「金錢可以收買人心」的人也有失勢的一天；反之，雖然也有人「視金錢如糞土」，但這個世界並沒有這麼簡單。橫眉豎眼地說著「我不需要地位與名譽」的人，當地位與名譽實際到手時，可能會變成眉開眼笑。人類似乎就是這樣的生物。

真實的世界充滿似是而非的論點，原理與原則無法完全解釋得清，而「故事」就是最適合用來表現真實世界的形式。再加上無數故事當中，只有「神話」回溯到人類與世界的起源，因此從神話當中可以學到相當多的事情。

但是現代人似乎愈來愈不擅長解讀「故事」。因為科學與技術的發展，讓人們製造出方便的機器，導致人們一廂情願地以為所有的一切都像機器一樣，只要「照著手冊操作」，就能得到期望的結果。

閱讀手冊不需要一個人的人格與人性，只需要知識上的理解就已足夠。但如果以這樣的態度閱讀神話，就什麼也讀不懂。

人類既不是物品，也不是機器。如果忘掉這點，只一味地追求「指南式」的書籍，就算照著書上的指引生活，想必也會遭遇到很多不順利的情形。

相對地，閱讀「故事」需要動用一個人所有的能力。所以對神話的解讀，可以說是因人而異。

這本書中介紹的是「我的解讀」，讀者可以依此為提示，找出自己的解釋，思考自己的生活方式。

我想，讀了本文就會發現，神話帶給人類的智慧深不可測。

本書僅僅只是把焦點放在理解人心的神話解讀入門，希望因為本書而對神話產生興趣的讀者，能夠挑戰世界各式各樣的神話。這些神話能為現代人的生活方式帶來意想不到的提示。

本書內容節錄自二〇〇二年夏季號到二〇〇五年春季號的季刊雜誌《沉思者》中，以「眾神的處方箋」（神々の処方箋）為題的連載。這次編纂成書，將標題改為《神話心理學》，內容做了一些修正，結構也重新調整。

大和書房第二編輯局的古屋信吾與猪俣久子，參與了整體的企劃與結構，本書的出版承蒙兩位莫大照顧，在此獻上由衷的謝意。

此外我也想感謝新潮社的編輯在連載中給我的幫助，而且同意我出版本書。

河合隼雄

| 第一章 |

不安與孤獨的原因

1 失去與所有人事物的關聯

日本最近接二連三發生讓人陷入不安的事件。像是歹徒趁家長在超市購物時，持刀刺進嬰兒的頭部將其殺害；或是歹徒闖入校園，殺傷老師。

這些事件，最讓人難以接受的，是加害者的動機不明；使得人們在面對這樣的突發事件時，不知道到底應該要如何因應，也無法找到答案。甚至還有小學生殺害同學的事件。

這些事件，都會引起人們的不安。

於是會接到家長打來詢問「我的孩子會不會出問題？」的電話。但最讓我感到意外的是，有家長因為擔心自己的孩子會不會成為「加害者」，而打電話來諮詢。

他們擔心自己的孩子可能會做出什麼出格的事情。

從前的父母擁有自信，認為「我家的孩子一定沒問題」，雖然過度的信任有時會讓人困擾；但現在情況卻完全相反，困擾反而是來自愈來愈多父母不相信自己的孩子。

這也就表示，即使不是自己的孩子出狀況，多數日本人還是懷有某種莫名的不安，並且受其威脅，所以一旦有事件發生，不安的意識就會被觸動，而陷入更強烈的不安狀態。

大眾傳媒的論調也具有這樣的傾向——挑起不安的內容似乎比較容易被接受；強調安心或安全的內容反而被敬而遠之。

即使告訴大眾，日本的犯罪率雖然增加了，但遠低於美國，而且日本依然擁有傲視全球的都市安全性等等，大眾也聽不進去。我想這是因為這些觀點，與每一位國民所感受到的「莫名不安」並不一致的關係。

我認為這種普遍性的不安有一部分源自於「喪失關係性」。人們一回過神來突然發現，自己與任何人事物都沒有連結，在這個世界上是孤獨的存在。換句話說，自己既沒有日本式的關係性，也沒有歐美式的關係性，是全然地孤獨。

過著日本傳統生活方式的人，一直以來都無意識地生活在與家庭、社會、地域的連結當中，與自己周遭的事物也保有關係性。

雖然就安心感而言這是理想的關係，但一考慮到「個人的自由」，就會讓人感受到強烈的「束縛」。

日本人，尤其是年輕人，因為受歐美思想的影響，希望擺脫這樣的「束縛」，獲得自由。然而，擺脫了「束縛」後，回過神來卻發現自己變得徹底地孤獨。

這是因為日本人自以為引進了歐美的文化，卻對存在於個人主義背後的基督信仰[1]置之不理。

個人主義與自由主義經歷了漫長的歷史，才從基督信仰的文化圈中誕生，歐美即使產生了尊重個人的思想，也沒有喪失個人與神的關係性。

個人與神的連結，能夠防止個人主義變成利己主義，而每個人也能透過「神」連結在一起。話雖如此，基督信仰的力量在現代的歐美也沒有像從前那麼強大，因此也有一些歐美人與日本人擁有同樣的問題，但在此先不討論這一塊。

事到如今，日本人也不可能認為過去那種束縛的狀態比較好，那麼現在的日本人，不就只能在強調個人重要性的同時，在沒有任何關係性與支持的情況下，懷著不安活下去嗎？

2 發現「自己的樹」

仔細想想，這個世界上有「我」這個人存在，是一件極為不可思議的事情。沒有一個人是基於自己的希望或意志誕生到這個世界，但在個人意識到的時候，「我」就已經「存在於這個世界上」了。

無論是出生的國家、出生的家庭，還是手足之間的關係，全部都是人無法選擇的既定事實，儘管如此，孩子們把這些都當成理所當然的事情接受，並且就這樣活下去。

但是，他們到了四歲左右，就會開始察覺到自己會「死亡」。孩子們雖然不說——或許他們知道，說了也不能怎麼樣——但他們其實出乎意料地清楚自己總有一天會死。這是一件非常令人難受的事情。

到了十歲左右，孩子開始認知到「自己」在這個世界上，與其他所有事物都不一樣。這個存在於世上的「唯一的自己」，與父母不同、與手足不同，也與朋友不同。這樣的認知，既可怕又難以形容。

察覺到這點之後，孩子開始覺得不安，原本明明都是自己一個人睡覺，卻突然對「獨自睡覺」感到恐懼，或是害怕半夜自己一個人上廁所。

這種時候，如果父母包容不責備，孩子就能在不知不覺間恢復原本的樣子。

似乎很少人在長大成人之後，仍記得這段兒時經歷。不過，如果去問國、高中生，他們多數都還記得。

仔細想想，人要活下去是一件很不容易的事情。自己這個獨一無二的存在，到底靠著什麼支撐？而且既然一定會死，死了以後又會變得如何？每一個人，都抱著這種根本的疑問活著。

人類為了解決這些問題而發展出各種宗教，各地所謂的習俗中，也意外地融入了解決問題的有效方法，每個人一路走來，都透過這些來保持內心的「平穩」。但許多現代人都試圖在人生中擺脫這些傳統，尤其日本人不更是如此嗎？

大家拚了命賺錢，享受方便舒適的生活。這樣的人生看似幸福，但如果被人當面問到「支持你的是什麼？」你回答得出來嗎？

人們之所以會生活在不斷的「忙碌」當中，不就是因為如果稍微閒下來，心裡就會浮現這些根本的疑問，因此才勉強自己創造出「忙碌」的狀態嗎？可以說這簡直就是不斷透支的人生。

「世界和平」或「人類的幸福」等等值得感激的事物，意外地不足以成為支撐一個人的力量。

雖然偶爾也會有人把這些當成作支撐的力量，但這種力量的性質過於普通，尤其對於「獨一無二的我」而言，力量相當薄弱。反而有時就旁觀者看來帶點傻氣的事物，對某位個人來說，卻是強而有力的支持。

我有一位個案，他連續遭遇意想不到的不幸，因此丟了工作，與他人的連結也急遽變得薄弱，幾乎讓人覺得他與這個世界上的幸福完全無緣。

雖然一直沒有找到對未來的希望，這位個案仍持續找我面談，有一天，他一臉開心地跑來，說自己在附近公園的樹林散步時，發現了「自己的樹」。

他在樹林裡走著走著，憑直覺找到了「自己的樹」。從此之後，他每天都會去探望那棵樹，而他也覺得自己的人生從這時開始改變了。

我感到非常欣慰，而且立刻聯想到一本我很喜歡的書——大江健三郎所寫的《在「自己的樹」下》[2]。

大江先生在這本書中寫到，在他的故鄉，森林裡必定有一棵「自己的樹」。他在小時候去看這棵樹時，出現了自己年老之後的身影；而現在去看這棵樹的話，出現的卻是自己小時候的樣子。這段描述讓我印象深刻。

一棵樹支撐著一個人的生命，這個人的一生，就圍繞著這棵樹展開。

那位說他發現「自己的樹」的個案，完全沒有聽說過大江先生的這本書。但支撐人類的故事，卻有著不可思議的普遍性。所以被認為是荒誕無稽的神話故事或民間故事、傳說等，才能超越時代，流傳給許許多多的人。

我身為心理治療師，非常清楚自己無法成為苦惱者的支持。我只能在這種情況下，耐心地、不失去希望地陪他們一起苦惱，這樣，支持他們的力量才會誕生。一棵樹，比我更能充分發揮支持一個人的功能。而這樣的體驗雖然極為個人，但也具有某種共通的普遍性。

3 現代人為「關係喪失病」所苦

為什麼現代人容易陷入孤獨呢？思考這個問題時，有一個重要的觀點——「科學的認知與神話的認知」。哲學家中村雄二郎在《哲學的現在》[3]中提到關於這一點的明確論述，接下來就參考他的論述進行探討。

現在的科學技術發達，許多人類在過去想都沒想過的事情，現在都成為可能。人類能夠離開地球飛向月球，也能不斷地取得關於生命現象與基因的新知。

從前無論是仰賴宗教的力量、還是向神祈禱都沒有效果的難題，現在隨著科學技術的進步，逐漸都能夠有效解決。大家想想疾病的例子就很清楚，譬如鼠疫之類造成許多人死亡的傳染病，現在已經可以靠著醫學的力量治癒。

因此人們開始仰賴科學技術，不再被「迷信」耍得團團轉。人們或許也認為，自己能夠靠著科學技術的力量達成一切，除了科學以外，其他所有的事物都不再必要。

我們現在仰賴的科學與技術有一個前提，那就是研究者與研究對象之間必須無關。因為排除兩者之間的關係，才能找出具「普遍性」的法則。

這就是科學的偉大之處。人類能夠運用這些「科學認知」，隨心所欲地控制、操縱各種事物。

但人類活在這個世界上，不可能斬斷自己與所有事物之間的關聯。

舉例來說，有人因為意外而失去了自己的摯愛，導致情緒低落，什麼事情也做不了。面對「她為什麼會死」的問題時，即便以「科學的認知」做出「出血過多」之類的說明，也絕對無法滿足這個人的心靈。

科學的認知描述的，是與自己無關的人的死亡。但這個人想知道的，卻是關於這個「獨一無二」**與自己有關的她**，為什麼會死的答案。

中村雄二郎對「神話的認知」描述如下：「神話的認知在基本上，有著人們**根本的欲望**——希望自己周遭的事物，以及這些事物所組成的世界，在宇宙當中擁有深刻的意義……」

「我」與我周遭的人事物，因為「神話的認知」而在宇宙的秩序當中產生意義。「我」不會變得孤獨，因為具有強烈意義的網絡，確實支持著我。

從前的人，在這樣的支撐當中安心生活，而「神話的認知」也對死後的去處提供解答。有不少人在活著的時候，非常努力地為死後做準備。這些人不需要恐懼死亡，而能夠平靜地活下去。

但如果只依賴「神話的認知」，人類的生活將全部都由神決定，這當中既不會發生變化，也沒有人類的自由意志。

當人類開始尊重自己的自由意志，尤其在考慮到「進步」的時候，就會覺得「神話的認知」是一種束縛。到了近代，「進步」在人們的心目中愈來愈重要，於是人們漸漸捨棄從前「神話的認知」，開始依賴「科學的認知」。

這樣的過程，在歐洲發展了很長一段時間。歐洲人在這段時間當中，透過探索多樣的道路逐漸進步，因此他們雖然重視「科學的認知」，也沒有完全切斷人類與「神話的認知」之間的連結，他們至今仍保留了各種維繫「關係」的方法。

相對地，日本是在近代科學的體系相當明確之後，一口氣將其引進日本，因此「科學的認知」逐漸破壞了「神話的認知」，所以才會有愈來愈多現代的日本人為先前提到的「關係喪失病」所苦。

「神話的認知」消失，也使得這個世界逐漸失去「聖域」。

小學生或純潔的嬰兒，在從前的日本就是一種「聖域」，就連罪犯也不會粗暴地對他們出手，所以即使不特別具備保護他們的意識，他們也是安全的。

但現在的暴徒，能夠旁若無人地闖入這樣的「聖域」。人類必須意識到，當自己打著「進步」的旗幟取得各種事物的同時，也付出了許多相對應的代價。

4 存在無意識中的「神話產生機能」

那麼生活在現代的我們，該怎麼做才好呢？

「科學的認知」對於享受著現代舒適生活的我們而言，當然重要。但即便只有「科學的認知」是「真」，我們也不應該只把科學當成依靠，不能忘記也要努力去找出，支撐著自己，讓自己的人生能夠走下去的「神話的認知」。

瑞士的深層心理學家榮格（Carl Jung），曾形容這種感覺就像自己問自己：「你靠著什麼樣的神話活下來？你的神話又是什麼？」

個人主義是一件很辛苦的事情。因為從前可以透過普遍共有的「神話的認知」取得安心感，但現在卻必須靠自己一個人努力，找出「自己的神話」以支撐自己。

承受不了這種重擔的人，就會聚集到某個能夠提供強大「神話」的人之下，藉此獲得心靈上的安適。但這樣的「神話」有時非常危險，大家只要想想奧姆真理教事件[4]，應該就能馬上理解。

身為一名心理治療師，該如何面對因「關係喪失病」而前來諮商的人呢？我們的困難就在於，個案與心理治療師之間已經不存在「神話」，而我們必須在這樣的狀態下開始進行諮商。既然如此，心理治療師在工作時到底還能依靠什麼呢？或許就只能依靠存在於每個人無意識中的「神話產生機能」了吧。

仔細追溯深層心理學發展的軌跡，可以找到美國及加拿大的醫學院心理學教授艾倫伯格（Henri F. Ellenberger）出版的名著《發現無意識》（*The Discovery of the Unconscious*）[5]。他在這本書中，強調存在於人類無意識中的「神話產生機能」的重要性。

根據艾倫伯格所寫的內容，「神話產生機能」似乎是十九世紀的英國詩人費德烈・邁爾斯（Frederick Myers）所創造出的詞彙。而艾倫伯格也針對這個詞彙進行如下說明。

> 神話產生機能是「意識閾[6]下的自我『中心領域』，內在的浪漫恆常在這個領域進行不可思議的創作。……在這個概念當中，無意識恆常參與故事及神話的創造。這樣的運作有時會停留在無意識中，有時只會出現在夢裡，偶爾也會成為在患者的心理背景下自然發生、發展的白日夢。而這樣的創作，也有時會以夢遊、催眠、附身、靈媒的通靈狀態、病態說謊或是部分的妄想型態表現出來」。

從這段描述也能知道，我們必須充分理解神話產生機能與「可疑的事物」或「危險的事物」之間有多麼深刻的關係。話雖如此，如果否定這個機能，人類也無法帶著安心感生活下去。

無論是什麼樣的人，都擁有無意識中的神話產生機能，而這點帶給我們希望。正因如此，心理治療師在面對「誰來看都不覺得他有希望」的人時，即使自己還沒有答案，也能夠抱著希望陪他一起走下去。

當然，心理治療師為了瞭解個案神話產生機能的表現，會傾聽個案訴說夢境、請他畫圖或製作庭園盆景，有時也會請他說故事。如同艾倫伯格所說，妄想與白日夢等症狀，有時也具備意義，必須予以尊重。因為從中將能發現這位個案的神話，而這麼做都是為了把注意力放在神話上。

各位從奧姆真理教的例子也能知道，心理治療師必須充分理解「神話的認知」所具有的危險性。就這點來看，心理治療師是一個需要具備高度倫理性的工作。

這裡所說的，雖然是從個人的無意識中產生的神話，但因為無意識具有普遍的性質，因此即便是個人的故事，也依然能夠與普遍的故事產生連結。

我在前面也提過，兩個完全不同的獨立個體，都創造出「自己的樹」這個主題。由此可知，類似的主題會跨越時代與文化，出現在完全意想不到的地方。

舉例來說，即使現代日本人夢境中出現的重要主題，聽起來就像古賽爾特[7]的民間故事也不足為奇。

因此理解古代流傳下來的「眾神的故事」，不單單只是瞭解古代奇談，也能從中汲取出可以應用在現代生活的智慧。

5 眾神恣意妄為的行動

在人類的世界中，殺人是惡，那麼在眾神的世界中，殺人又是如何呢？

我們來看看日本人也很熟悉的希臘神話。大家都知道希臘神話的主神是宙斯（Zeus），從宙斯的親子關係來看，他的父親克洛諾斯（Cronus）可以說是殘暴至極。

克洛諾斯與妻子瑞亞（Rhea），孩子一個接著一個生，但他害怕孩子將奪去自己的地位，於是把生下來的孩子一個個吞噬。換句話說，就是殺子。

我想，應該有不少人在看了西班牙畫家哥雅（Francisco Goya）所描繪的克洛諾斯吞子圖後，都覺得印象深刻吧？

當瑞亞生下最後一個孩子宙斯的時候，她拿石頭假裝成宙斯讓克洛諾斯吞下去，救了宙斯一命。

宙斯長大成人之後，與梅蒂斯（Metis）結婚，並且讓克洛諾斯喝下從梅蒂斯那裡拿到的藥，把所有他吞噬掉的孩子都吐了出來。

剛才雖然說克洛諾斯的行為相當於「殺子」，但遭吞噬的孩子還能被吐出來，而且依然活著，這就是神話方便的地方。

宙斯與從父親肚子裡逃出來的兄弟一起消滅父親克洛諾斯，將世界據為己有。這當中也存在著親子之爭。

而說到「吞噬」，宙斯自己也做了不得了的事情。他雖然與梅蒂斯結婚，但當他從預言中得知梅蒂斯生下女兒之後，接著再生下的兒子將奪去自己的王位，便在梅蒂斯懷孕時，將她整個人吞掉。

這裡可以看到兒子將奪去父親地位的可能性，以及做父親的試圖透過「吞噬」來避開這個劫難這樣的主題。

附帶一提，這個故事還有後續，赫菲斯托斯（Hephaestus，宙斯的正妻赫拉〔Hera〕之子）在被宙斯吞掉的梅蒂斯足月時，以斧頭劈開宙斯的頭部，而宙斯與梅蒂斯之女雅典娜（Athena），就以一身盔甲之姿從宙斯頭上蹦了出來。

我想各位光看這些簡單介紹的內容，就能清楚知道眾神的行為舉止實在異於常理。

不過，被吞噬的人依然活著、女兒從父親的頭部誕生等等，對人類而言雖然是不可能的事情，但父子彼此為敵、甚至互相殘殺，在人類的世界也會發生。

宙斯另一個打破人類常識的行為，應該就是他的男女關係了。

如果要把與宙斯發生關係的女神、精靈[8]、女人全部列出來，就得像奧地利音樂家莫札特

（Wolfgang Amadeus Mozart）歌劇《唐・喬凡尼》中的〈目錄之歌〉[9]一樣，需做出一份目錄才行。

宙斯的正妻赫拉在得知他的男女關係之後，妒火中燒，其激烈程度也同樣打破常理。

宙斯眾多的男女關係中，他化身為天鵝與黃金雨接近人類女性麗達（Leda）及達妮（Danae）的故事特別有名。

這兩個故事都被畫成西洋名畫，應該也有不少人看過。人類男性如果也能夠「變身」，或許心裡也有想要變身去見的女性吧？

6 存在心底深處的伊底帕斯

如同先前所介紹的，眾神的行為非常教人吃驚，對人類所謂的常識與良知，可以說是完全無視。

自古以來就有「以毒攻毒」這樣一句話，而眾神離譜的行為，或許就具有以毒攻毒的效果。也就是說，眾神離譜的行為是一帖劇烈的猛藥，或許也因此而難以斟酌用量。

這樣的猛藥也許能夠有效治療困難的疾病，但一不小心也可能把人毒死。

前面提到，有些男性應該也想「變身」去見想見的女性。人類的世界，確實存在著「變裝」幽會的男女，有些人在被拍下照片後，才讓「變裝」曝了光。

看到這樣的事情不禁讓人聯想到，眾神「變身」的故事，展現的或許就是人類「變裝」的原型。

前面也稍微介紹了克洛諾斯與宙斯的神話，而我想即使在人類的世界，也存在著不少父親與兒子之間的矛盾，父親擔心自己的地位被兒子取代，或是父親把兒子當成「食物」。

奧地利精神分析學家佛洛伊德（Sigmund Freud），將父親與兒子之間的心理矛盾所衍生出的人類心底無意識的束縛，命名為「伊底帕斯情結」（戀母情結），現在已經成為眾所皆知的詞彙。

他用來命名的「伊底帕斯」（Oedipus）是希臘悲劇的主角，而一般也認為這齣悲劇是根據神話所創作的故事。

這麼一想，「黛安娜情結」[10]的黛安娜（Diana）是羅馬女神、「該隱情結」[11]的該隱（Cain）則是出現在《舊約聖經》中的角色。為什麼分析現代人的心理時，會使用神話或古老故事中登場的人物名字呢？

這或許是因為，即使是可稱為「現代人中的現代人」的人，心底深處依然住著伊底帕斯、黛安娜或是該隱吧？這麼想，會遠比聽到「你壓抑著對手足的強烈攻擊性」等硬梆梆的心理學描述，更容易對自己的心理狀態有具體的感受。

這些內心世界的住民，平常都沉潛在心底深處，但可能在某個契機下，突然現形在人類的世界。於是這個人彷彿就像被宙斯附身，或是被赫拉附身一樣，犯下「常理無法想像」的惡事或罪行。

重大事件發生後，往往可以在報紙的報導中看到犯罪嫌疑人的鄰居或友人發表「我完全沒想到他會做出那樣的事」之類的感想。有時候，或許就連罪犯自己也會覺得「我怎麼會做出這種事情……」。

人活在世上，是需要對自己「內心世界的住民」多少有點瞭解的。當然，在現實生活中，思考自己該與誰來往、自己的上司是哪一類的人，很重要；但思考自己該如何與自己內心世界的住民相處，也是同等重要。

7 現代人迷失了答案

那麼，我們是否可以把眾神的故事，當成是人類內心世界住民的故事呢？如此一來，神話也能帶給我們現代人許多啟示。

然而，現在人們普遍都把「神話」當成是荒誕無稽的事情。譬如想要批判某個想法的時候，就會說這個想法是「XX神話」，或者「就像神話一樣」，意思是「這個想法聽起來煞有其事，卻是空話」。

為什麼會變成這樣呢？這或許是因為，從前曾有一段時間，人們把神話的故事內容當成外在事實理解，但隨著近代科學的進步，關於外在事實的知識逐漸增加，因此神話的價值也急遽下跌。

如果跟現代人說，太陽是一位名為天照的女神，應該沒有人會相信吧？在日本，連小孩都知道，太陽是一顆地球遠遠不及的灼熱球體。那麼，雖然是生活在現代的日本人，當登上高山，看見朝陽升起時，還是有人會合掌膜拜，這又是為什麼呢？

即使對這些人詳加說明，太陽不是真的從東方升起，會看起來像是從東方升起，是因為地球自轉的關係等等，也只是白費力氣。他們可能會說「這種事情我早就知道了」、「不需要你多管閒事」。那他們合掌膜拜的真正原因會是什麼呢？

這是因為即使太陽不是女神、不是神，看見太陽升起時，自己心中依然會湧現深深的虔敬情感，而最適合用來表現這種情感的方式，就是面向太陽，雙手合十。

我在前面以「人類內心世界的住民」來形容眾神，而他們的姿態，最適合用來展現人類的內心體驗。對膜拜太陽的人而言，他們膜拜，並不是因為「太陽」等於「神」，而是因為站在山頂看見太陽升起時的感動，這個感動本身就是一種神聖體驗。換句話說，他們膜拜的，是當時顯現於內心世界中的太陽女神。

如果忘記這點，只注重與科學技術相符的外在事實，神話就會變得「荒誕無稽」，其價值也就會瞬間跌落谷底。而現代人不就在否定神話、構築方便舒適生活的同時，也為不安與壓力所苦嗎？

現代人在面對「該如何在這個世界中定義『自己的存在』」、「該如何接受自己出生後，就逐步邁向死亡的事實」等問題時，迷失了答案，而神話一直以來都試圖找出答案。

當二十世紀即將結束的時候，在美國，留意到前述論點的人們，突然開始恢復對神話的關注。而掀起這股熱潮的人，是神話學家喬瑟夫．坎伯（Joseph Campbell）。

很遺憾，坎伯已經去世了，但根據他上電視的紀錄所出版的書籍，成為在全美熱銷九十萬冊的暢銷書《神話的力量》（*The Power of Myth*）[12]。

坎伯在書中暢談神話對現代人的意義。而這本書在全美熱銷九十萬冊，或許也表示神話對美國人而言，依然具有必要性。

我有幸見過坎伯幾次。其中一次是在舊金山，我們兩人一起擔任工作坊的講師。他非常擅長說故事，真的是一位很適合傳達神話魅力的人。他也很喜歡日本，對日本文化有非常透徹的理解。

二十一世紀背負著讓曾經一度被否定的神話再度重生的任務，所以，有必要重新閱讀神話。

8「促使自己採取行動的，不是自己」

古代人與神話共生。雖然神話的內容會隨著各個文化的特性而異，但屬於該文化的人，全部都信仰同樣的神話。換言之，古代人們活在與自己居住的世界調和的世界觀當中。說得再更明確一點，他們雖然與自己內心世界的住民相處融洽，卻不太有能力應付外界的自然現象。

現代人就這點而言，與古代人相反，雖然對外部的環境應付自如，卻失去內心的平靜。那麼，有沒有足以支撐現代人的「神話」呢？如果有，只要訴諸這樣的神話，就已足夠。但事情沒有那麼簡單。坎伯在前面介紹的《神話的力量》中斷言：「在接下來的很長很長一段時間，我們將無法擁有神話。」

這是為什麼呢？坎伯給的答案是「因為事物的變化太快，快到不足以成為神話」。人類已經可以實際登陸月球。現代人在這樣的事實基礎下，還可以擁有什麼樣的「月亮神話」呢？失去神話的我們，又該如何生活呢？

對此，坎伯表示：「**每個人**都必須找出與自己生活相關的神話型態。」換句話說，團體擁有共同神話的時代已經終結，每個個人必須靠著自己的責任與努力，從自己的生活方式中找出

「神話的樣貌」。

如果疏於努力，會發生什麼事呢？原本應該在內心世界上演的眾神劇碼將突然顯現於外在，成為殺人或其他引起社會嘩然的「社會新聞事件」。譬如親子之間互相殘殺，或是圍繞著男女關係發生的各種事件。

坎伯說：「我們在青春期的時候會開始發現，促使自己採取行動的，不是自己。」我們從這時開始察覺到，自己的內心世界中居住著眾神。

人們該如何克服麻煩的青春期呢？在過去，神話與根據神話建立的儀式能夠發揮效果，但坎伯明確地告訴我們：「今日的社會，不會給予我們這類適當的神話與引導。」

有些人以解決青少年問題為由，思考對策指南，但這樣的小聰明，在眾神的威力之前，根本不堪一擊。青春期的孩子為了找回失去的神話，他們嘗試各式各樣的方法，到處塗鴉、打破玻璃、霸凌別人等等，卻都沒有明顯的效果。

當神話的型態變得愈激烈，孩子們採取的行動就會更加超乎常理。大人們見狀開始感嘆：「最近的年輕人……」但他們沒有意識到，自己也和年輕人一樣，生活在「喪失神話」的時代。

如果在這時突然開始心急，將會演變成傾全國之力——即使不到全國規模——成立團體，試圖依循偽神話的指引努力。這將會成為一條通往邪教的道路。

為了避免事態演變至此，並且「找出與自己生活相關的神話型態」，我想我們必須充分瞭解人類到底有過什麼樣的神話、這些神話與現代人的生活方式又有什麼樣的關聯。

接下來，將基於這樣的問題意識繼續探討。

註釋

1 譯註：「キリスト教」一般翻譯為天主教，但這邊文意應該泛指所有基督教與天主教的教派，所以翻譯為基督信仰。

2 註：『「自分の木」の下で』，朝日新聞社。

3 註：『哲学の現在』，岩波新書。

4 編註：創立於一九八四年的邪教組織，涉及多起恐怖活動，其中以一九九五年的「東京地鐵沙林毒氣事件」最嚴重，造成十三人死亡，超過六千三百人輕重傷，包含教主麻原彰晃（本名松本智津夫）共計十三名嫌犯被判死刑，並於二〇一八年七月伏法。

5 註：遠流出版，共三冊。日文版『無意識の発見』上・下，木村敏、中井久夫監譯，弘文堂。

6 編註：consciousness-threshold，由德國近代唯心主義哲學家赫爾巴特（Johann Friedrich Herbart）提出，他認為人的一切心理活動全都是觀念的活動，當一個觀念要從完全被抑制的狀態進入一個現實觀念的狀態，必須跨越一道界線，而這道界線便是「意識閾」。

7 編註：賽爾特人（Celts），五千年前建造了舉世聞名的「巨石陣」，為歐洲上古時期的強大民族，但不曾建立統一的國家，是一個有共同文化和語言特質、有親緣關係的民族統稱。

8 譯註：Nymph，希臘神話中次要的女神，有時譯作精靈和仙女。此處譯為精靈與女神作區隔。

9 編註：*Don Giovanni*, 'Madamina! Il catalago e questo'.

10 編註：詳見本書第九十九頁的說明。

11 編註：指因父母偏心而感受到的痛苦體驗。後續也可能投射到手足以外的關係當中。

12 編註：朱侃如譯，立緒出版。

| 第二章 |

創世之初

1 人類什麼時候發現自己的存在？

這個世界到底在何時形成？如何形成？人類又是怎麼出現的？從「創世神話」中可以找到這些問題的答案。而創世神話就像這裡介紹的，有著各式各樣的內容。

或許有人會覺得，「大爆炸」與「演化論」已經為這些問題提供了相當程度的說明，也有了一定程度的實證（雖然證據還不是很完整），以致於現在再知道這些「故事」，已經沒有什麼意義。

但神話的意義不在於這些「自然科學」上的解釋。神話始終是以「我」的感受與想法為出發點。

「我」到底是在什麼時候發現自己存在於這個世界上的？「我」是在什麼時候對自己周遭的「世界」產生自覺？而究竟意識到這些概念的「意識」，又是如何產生的呢？這些都正是所謂的「創世之初」。

創世神話敘述的就是人類透過「意識」，開始認知到的世界起源。後面會再提到，這些敘述訴說了各式各樣的故事。

不同民族對世界的理解會有不同，這是當然。像是有的民族體驗到的「世界」是沙漠；有的是四面環海的島嶼；有的是叢林，環境各有不同，因此，理解各異也是理所當然。

各個民族在各自的環境中，建立起自己特有的生存方式，而「創世神話」所描述的內容，就與這所有的一切相關。

這裡先提到的是「民族」的創世神話，而若是提到「個人」，大家也在生命中經歷或被迫經歷了許多「初次體驗」。那究竟，自己又是在什麼時候、如何擁有「意識」的呢？

即使要去思考完整的最初起源有困難，但我想大家都有過看待世界的「觀點」改變、自此之後抱持著全新認知的經驗。

譬如對母親的看法改變，發現母親不再永遠可靠、不是願意為自己做任何事的時候；或是第一次察覺人類的本性，發現「人類原來是這個樣子」的時候。人在人生中的每一次轉折，都會經歷各式各樣的「初次體驗」。

如果在這種重要時機犯下認知錯誤、弄錯了意義，或是沒有察覺到這個經驗的重要性，對人而言就是一大失敗。

從這樣的觀點來看創世神話，其實相當有趣。眾神的樣貌能夠在意想不到之處成為參考。

2 天與地的分離

人類的意識，起源於分離、區別事物，所以世界上的許多神話，都會提到天與地、光與暗、晝與夜等的分離。因為沒有區別，就沒有意識。

天地分離的神話當中，以紐西蘭原住民毛利人（Māori）[1]的神話最為知名。

在這個神話中，天父朗基與地母帕帕，他們於世界形成的初始，就一直抱在一起，整個世界因此被黑暗籠罩。他們所生的孩子們因為不想再生活在黑暗當中，所以想盡辦法要將父母分開。

於是孩子們輪流試著將天地拆散，但大家都失敗了。最後輪到掌管森林的塔恩．馬夫塔，他先試著用手分開天地，但並沒有成功。接著他把頭牢牢植入地母當中，用腳撐高天父，使盡所有力氣，終於將父母分開。

父母發出痛苦悲傷的叫喊：「你為什麼想要殺死自己的父母？你為什麼要犯下拆散父母的罪行？」

但塔恩．馬夫塔沒有就此停下行動，最後天地終於分離，世界逐漸變得光明。

雖然天與地就這樣分離至今，但兩人的愛並沒有改變，妻子地母的愛的嘆息，變成冉冉升空的霧氣，而天父悲嘆與妻子地母分離的淚水則掉落在地。人們稱他的眼淚為「露珠」。

上述只是將故事簡單摘要，如果有機會讀到故事的全貌，就能知道這個故事真的很出色。這個故事讓我們充分感受到分開天與地有多麼重要。

故事中也提到天地分離所帶來的悲傷、痛苦，以及「罪」。換句話說，人類因為擁有「意識」而產生了痛苦與悲傷，而這些也能稱為「罪」。

這個神話敘述了天地分離的困難與必要性。同時也提到天地分離帶來了「光」，產生光明與黑暗的區別。

關於天地分離之前的狀態，希臘神話也做出如下的記述。在此試著引用羅馬詩人奧維德（Publius Ovidius Naso）《變形記》（*Metamorphoseon*）[2]的開場敘述。

「在籠罩大海、大地，以及萬物的天空存在之前，全世界的自然樣貌都是相同的。人們稱這種狀態為『混沌』，而這『混沌』不過是個未經任何加工、也尚未建立起秩序的團塊。這個團塊**混濁**而沉重，各種互相衝突的元素同在一體，彼此鬥爭。」

這段記述還有後續，但這裡就節錄到此。文章中所寫的，可以說正是最符合人類「無意識」的描述吧？如果把天地分離的神話當成人類從無意識到產生意識的過程來讀，就會覺得絲絲入扣。

人類的意識也可以想成是由許多如天與地一般的二元對立要素所組成。就像現代的電腦是由0與1的組合及其運算所組成的一樣。

因此不只天與地、光與暗，太陽與月亮、上與下、右與左、善與惡等等二元對立，在神話當中極為重要，就是在人類意識的組成當中，也是極為重要的元素。

但如果加入男與女這兩項對立的元素，事情就會一下子變得複雜。比方在毛利人的故事中，天是男，地是女，像這種二元對立軸的重疊，不僅能在神話中看見各式各樣的例子，也會產生於人類的意識當中。

舉例來說，當上下軸與男女軸重疊時，就會根據文化的不同而產生男尊女卑或女尊男卑的世界觀。因此男女的二元對立極為重要，這點之後再提。在此先把焦點專注在「分離」的重要性。

3 「光」的出現

有的神話，在創世之初，是從唯一神的存在說起。在此引用《舊約聖經．創世記》的開頭（或許有些基督信仰的信徒不同意把《舊約聖經》當成神話，但在此請容我做一下比較探討）。

「起初，神創造了天地。地是空虛混沌，淵面黑暗；神的靈運行在水面上。神說『要有光』，於是就有了光。神看光是好的，就把光與暗分開了。神稱光為晝，稱暗為夜。有晚上，有早晨，這是第一天。」

青年時期的我，經歷了日本在第二次世界大戰中戰敗，隨著當時的狀況逐漸改變，我開始覺得日本人還是應該充分理解基督信仰，因此就把《舊約聖經》拿來跳著讀（當時我的程度也只能跳著讀），開頭的部分確實以文言文寫著「神曰『有光』，彼處於是有光」。

我記得自己讀到這句話時感受到強烈的衝擊，因為那是我在過去未曾有過的想法。「神」的存在早於萬物，而光則因為神的言語而出現。

青年時期的我，只有多數事物都在「無言當中自然」發生的經歷，因此會受到衝擊是可想而知的。

如果把光的出現帶來的光與暗的區別，看成是人類「意識」的起源，並且把這個起源想成來自「神的言語」，而其「言語」是人類可以理解的語言，就會發現沒有其他神話能如此明確地顯示出「言語」在「意識」成立時的重要性。

「起源」不只是前面提到的「意識的起源」。無論是新想法的誕生、獨立的開始、人生的轉折點等等，想到這些的時候，都會給人因「神的一句話」而在一瞬間發生的強烈印象。

這麼一想，即使不是基督信仰的信徒，也能在自己身上找到這類神話中描述的體驗，進而產生共鳴。如果無法充分同理其激烈與嚴峻，我們或許就無法對西洋文化有真正的理解。

不過只要留意，應該就能發現自己擁有這類「起源」的經驗。

4 日本的起源

接著來看看日本的神話。記錄日本神話的書籍有《古事記》與《日本書紀》，這裡先討論後者，因為一般認為，後者展現的是當時日本政府的官方立場。

當時的日本正與包含唐朝等大國在內的鄰國展開交流，因此覺得有必要從神話的層次闡述日本是一個國家、天皇家是統治這個國家的正統皇權，為此必須將古代流傳下來的眾神相關故事做個紀錄與整理。所以一般認為，《日本書紀》比起《古事記》，具有更強烈的政治意圖。

在此引用《日本書紀》的開頭部分[3]，雖然文體古老，但應該可以猜得出大致的意思。

「古天地未剖，陰陽不分，混沌如鷄子，溟涬而含牙。及其清陽者薄靡而為天，重濁者淹滯而為地，精妙之合搏易，重濁之凝竭難。故天先成而地後定。然後神聖生其中焉。」

從這段文章來看，很久以前，天地尚未分開，陰陽的對立也尚未產生的時候，世界是一片沒有固定形狀的混沌，事物就在昏暗當中開始萌芽。

其中清澈明亮的部分升高為天，沉重混濁的部分就凝聚為地。

不過，清澈微小的部分容易聚集，沉重混濁的部分難以凝聚。因此天先形成，而後地才固定，最後神就從這當中誕生。

這段文章描述的也是天地的分離。但比較特殊的是，《日本書紀》中的天地分離，不像紐西蘭毛利人的神話那樣是由某人造成，也不像《舊約聖經》那樣由神創造，而是**自然而然**形成的現象。這個故事當中既沒有痛也沒有苦。天地分離之後，神就從中誕生。如果要說相似，確實與希臘神話極為相似吧。

除此之外，關於這個故事還有最重要的一點。那就是故事中描述的其實**不是**日本的神話。這段文章只是對中國古代的文獻稍做整理，當成一般論提出。因此《日本書紀》在前面的引文之後，接的是以下這句話：

「故曰：開闢之初，……」

換句話說，接下來開始敘述的才是日本神話。在虛無飄渺的混沌中，一個狀似葦牙[4]之物化身為神，這就是國常立尊的誕生。

這樣的形式對於神話的敘述而言，確實相當少見不是嗎？《日本書紀》在敘述自己的神話之前，先提出一般論，接著才說「所以日本流傳的故事如下」。

我看到這段文章時，眼前不禁浮現徵詢**現代日本人**「意見」的情景。大家通常會先針對「大家的想法」，也就是一般說法長篇大論一番，接著才說「所以我是這樣想的……」。看來，日本人似乎從神話時代以來就沒什麼改變，大家認為呢？

5 在新事物誕生之前

既然我們已經開始探討日本的神話了，就接著再往下看吧！

《日本書紀》首先描述的是國常立尊的誕生。接著是國狹槌尊、豐斟渟尊的誕生，而後是涅土煑尊、沙土煑尊這一對神，之後是大戶之道尊、大苫邊尊、面足尊、惶根尊。

接下來，大家熟知的伊邪那岐（伊奘諾尊）與伊邪那美（伊奘冉尊）終於出現。他們可說是生下日本諸國的第一對夫妻。

如果就世界起源的概念來看，從伊邪那岐與伊邪那美的誕生開始描述即可，但在他們登場之前，卻接連舉出以國常立尊為首的一個個名字拗口的神明。

或許從眾神的名字中，可以引申出某種程度的解釋，但這些解釋也沒有什麼重大的意義，甚至讓人覺得，即便不提他們的名字，從伊邪那岐與伊邪那美開始描述，也無所謂。

不過閱讀世界上其他的神話，就能發現別的神話也會像這樣將眾神名稱羅列而出。從這些神話中，也能看見與日本神話類似的現象。

美洲原住民族的神話（第六章會再提到）雖然不是直接把神的名字列出，但在主題上也具有相似性。他們在神話中描述，祖先生活的時代是與現代不同的世界，他們歷經了第二、第三、第四世界，現在是第五世界。換句話說，在這個世界開始之前，還存在著四個世界。他們沒有立刻展開故事，而是先有一段「開場白」。

這樣的傾向可以有各種解釋，但如果把世界的誕生想成是「新點子誕生的時候」，就會讓人聯想到在新的靈感將要浮現之際，也會有某種讓人想要捕捉的、難以言喻的事物，在心底深處蠢動。

而接連列出不明所以的眾神名諱，展現的就是這種「蠢蠢欲動的過程」，這麼一想，似乎就能理解了。

在北美洲納瓦荷人（Navajo）[5]的神話中，當一個世界即將穩定下來的時候，就有某人因為與世界首領的妻子發生性關係而必須離開這個世界，這樣的過程一再重複。

如果不把這樣的過程當成「外遇」，而是以「意想不到的結合」來解釋，那麼用來呈現新想法誕生的過程就可說是相當適切。

因為在想法誕生以前，也會發生不明所以的結合。

6 創造的契機

在世界上的神話中，有「兩位創造者」算是頗為常見的主題。這兩位創造者呈現某種意義上的對比，以互補的方式進行創造工作。但是當對比強烈到變成敵對狀態時，他們反而會變得具有破壞性。對立與協調之間的平衡，相當微妙。

接下來簡單介紹一下美洲原住民阿克瑪維族（Achomawi）的神話故事。

世界原本是一片虛無，後來出現了雲霧。雲凝聚成土狼，霧則凝聚成銀狐。

他們造了一艘獨木舟，長久以來都住在獨木舟上，開始感到無趣。

銀狐建議土狼睡一下，並且在土狼睡覺的時候忙碌地工作。他建造了陸地，並且在陸地上造出樹木、岩石與茂密的植物。

獨木舟靠岸後，銀狐叫醒了土狼。

土狼雖然嚇了一跳，但還是隨著銀狐上岸，在那裡與銀狐一起吃了許多水果。

於是，他們在那裡建造房子，定居下來。

這個創世神話的特點在於，雖然有兩名造物主，但在銀狐努力工作的時候，土狼只是一個勁兒地睡覺。

但真要說起來，土狼是靠著睡覺協助銀狐。為什麼會這麼說呢？

關於這點，另一個美洲原住民約書亞族的神話傳達的意義更明確。接下來就來介紹。

約書亞族的神話中，造物主也有兩位，其中一位名為卡拉瓦希，另一位沒有名字。

這兩人走遍世界，因為發現人類的足跡而膽戰心驚。不知道為什麼，卡拉瓦希企圖引發洪水破壞一切，世界因而混亂不斷。

卡拉瓦希接著想要創造動物、創造人類，但兩次都失敗了。

後來他的夥伴抽了三天的菸，就在他抽菸的時候，出現了一棟房子，從房子裡走出來一位美麗的女性。

他與這位因為抽菸而誕生的美麗女性結婚，生下了十六個孩子，這些孩子創造出所有美國原住民的種族。

這個神話的特徵在於，積極行動的卡拉瓦希失敗了，而除了抽菸之外什麼也沒做的男人，卻透過抽菸間接對人類的創造帶來貢獻。換句話說，這可以解釋成真正的創造需要「無為」。

我們實際從事創造活動時，即便積極地考慮各項因素，最後也可能以失敗告終。發呆的時候，靈感反而更有機會浮現。

雖然這也與創造的事物有關，但尺度愈大，愈能感受到「無為」的重要性。

這樣的概念再更明確一點，就是中國思想家莊子的寓言中，「混沌」因為鑿開七竅而死去的故事了。

這個故事告訴我們，如果因為急於意識化而過度有所作為，最後將會血本無歸。

附帶一提，將這個故事翻譯成德文，介紹給德國人的基督教同善會傳教士，德國著名的漢學家尉禮賢（Richard Wilhelm），將「混沌」翻譯成「無意識」。因此混沌的寓言，更極端的解釋就是「讓無意識維持無意識的狀態」，而認真從事創造活動的人，必須擁有這樣的從容吧。

至於不從事任何創造的人，或許更容易接受前面提到的阿克瑪維族神話。

在這個神話中，積極行動的銀狐在無所作為的土狼協助下，從事創造活動。換句話說，兩者同樣重要。

至於那些不相信有這種事情，認為什麼都不做的土狼應該被排除的人，想來是無法有什麼了不起的創造活動吧？

7「求知欲」的代價

世界就這樣形成，而這時又產生了新的問題——人類在這個時候，是如何生活的呢？關於人類在創世之初的行動，神話中也有諸多描述。

神話中描述了人類的各種姿態，而人類是「有求知欲」的動物，或許這就是其中最重要的一點。

人類總之就是「想知道些什麼」，如果大家都知道的事情，只有自己被矇在鼓裡，應該很多人都會覺得氣憤吧？反之，如果只有自己知道大家都不曉得的事情，人類就會得意洋洋，想要炫耀。自然科學也可說是因為人類的好奇心，才能有如此顯著的發展。

但是「知」也伴隨著極大的危險。俗話說「無知是幸福的」，因為「知」會帶來不安與恐懼，有時候甚至會因為「知道太多」而喪命。但反過來說，也可能因為「無知」而遭遇嚴重的危機。

由此可知，「知」對人類而言具有兩種相反的面向，但神話一般來說，描述的多半是「知」的危險性。

人類正因為什麼都不知道才得以生活在「天堂」，獲得「智慧」之後，就開始受苦受難。

《舊約聖經．創世記》的第二、第三章，就描述了下面這段關於禁果的知名故事。

耶和華神造了（男）人之後，讓他住進伊甸園裡。園子中央種著生命樹與分辨善惡的樹，接著他把人帶來，告訴他園子中所有樹木的果實都能摘取，只有分辨善惡之樹的果實不能摘來吃，因為「要是摘了這個果實來吃，你一定會死」。

接著，神用男人的骨頭造了女人。

「當時夫妻兩人都是全身赤裸，並不覺得羞恥。」蛇是最狡猾的田野生物。蛇對女人說：「你們不一定會死吧？神一定知道，你們吃了果實便會眼睛明亮，如神一般知道善惡。」

女人吃了果實，也給了丈夫。於是兩人發現自己全身赤裸，因此將無花果葉編織起來，纏在腰上。神在這時出現，得知了一切。

神使蛇成為最受詛咒的生物，對蛇說：「你必須用腹部在地上爬行，終身以塵土為食。」接著對女人說：「我要大量增加你生產的痛苦，你將受苦而產子。即使如此，你依然戀慕你的丈夫，他將管理你。」再對男人說：「你必須終身勞苦，才能從大地取得食物。地將因你而長出荊棘與蒺藜[6]，你將以野草為食。你必須滿臉汗水才能吃到麵包，直到歸於塵土。因為你從土裡而出。你本是塵土，最後將歸於塵土。」

神繼續說：「看，人已經與我們相似，能知善惡。如果他們伸手摘取生命樹的果實，將獲得永生。」於是便將人類趕出伊甸園。

這就是失樂園的故事，但故事中神的憤怒與懲罰之嚴厲，令人印象深刻。

神原本不希望人類「知善惡」。但人類觸犯禁忌，成為「已知者」，而代價就是背負「原罪」。這對基督信仰的信徒而言是一件沉重的事情。

違反神的意旨成為「已知者」的人類，後來通曉愈來愈多的知識，現在隨著科學技術的發展，幾乎坐上神的位子。

人類已經能夠透過從基督信仰文化圈中誕生的近代科學，取得許多自己想要的事物，而我認為，這些人的中心傾向之所以沒有陷入極端的利己主義，或許原因之一就是對於「原罪」的自覺。這樣的自覺遏止了人類無止境地滿足欲望。

這個故事中，另一個令人印象深刻的部分，就是蛇的角色。蛇在與神的較量中，某種意義上算是搶得先機。

神說吃了禁忌的果實「一定會死」，但蛇卻認為「你們不一定會死」。這裡看似神的謊言被蛇拆穿，但神所指的「死亡」應該是「趕出伊甸園」，換句話說就是人類成為生命有限的存在。

蛇所受的懲罰是以腹部在地面爬行，由此可知蛇緊貼著「土地」生活，與「天上」的神分處兩極。

如果再更進一步思考，甚至可以解釋成蛇擁有超越造物主的智慧，關於這點容後再述（第五章）。

總而言之，獲得「智慧」的人類開始感到羞恥，也就是以「自然」的狀態為恥這點值得矚目。

基督信仰雖然重視「原罪」，也就是「罪」的意識，但在「罪」之前，先提到的是「羞恥」的情緒。而且人類以「自然」狀態為恥，所以開始採取反自然的行動，接著伴隨而來的才是「原罪」這樣的代價。

8 得知祕密的「火神」

「無知」的狀態幸福快樂，「知」則是不幸的開端。關於這個主題，北歐神話中火神洛基（Loki）的故事就相當耐人尋味。

洛基本身原本就是一位值得關注的神，在此為大家介紹與他有關的故事〈巴德爾之死〉[7]。

巴德爾（Baldur）的母親神弗麗嘉（Frigg），為了避免世界萬物傷害她的兒子，要求火、水、鐵等所有物品發誓不得以任何一種方式傷害巴德爾。於是眾神便想出了拿東西丟向巴德爾的娛樂。

他們無論朝巴德爾射箭，還是丟石頭，都不會對他造成任何傷害。洛基看到眾神以此為樂，便開始覺得煩躁。

洛基於是化身為女人去找弗麗嘉，他把弗麗嘉捧得飄飄然，藉此向弗麗嘉套問「真的所有物品都沒辦法傷害巴德爾嗎？」結果弗麗嘉說，其實只有一棵小小的槲寄生[8]沒有被要求立誓。

洛基於是帶著這棵槲寄生去眾神之處。雖然眾神以向巴德爾丟東西為樂，但奧丁之子霍德爾（Hodur）卻因為眼盲而被孤立在一旁。

洛基假裝好心地將槲寄生的樹枝拿給霍德爾，教他朝著巴德爾站的方向丟去。

結果巴德爾死了，眾神嘩然。這個故事還有後續，但這裡只介紹眾神給洛基的懲罰。

洛基懼怕眾神的怒氣，於是躲在山裡，建造一棟四面有窗的房子，監視世界的每個角落。他白天化身為鮭魚，隱身在瀑布底下的深淵。

但最後洛基還是被眾神抓住了。眾神將洛基關進岩洞裡，用三顆大石頭嵌入他肩膀、腰部、膝蓋的凹陷處，將他綑綁在石頭上。接著在他頭上放一條毒蛇，讓毒液往下滴。

洛基的妻子西格恩（Siggn）將杯子放在蛇口，毒液裝滿就拿去倒掉。毒液在這時候滴到洛基臉上，使洛基因為痛苦而掙扎，於是引發了地震。

這個故事中的洛基，因為看見天真取樂的眾神而感到煩躁，進而「得知」重要的祕密，導致巴德爾死亡。而我覺得故事中也隱含了「應死的存在」這個主題。

這雖然是眾神的故事，但描述的內容依然可以套用到人類的世界。

人類在「無知」的前提下，是快樂無憂的。但人類因為「知」，而察覺自己是「生命有限的存在」。這是一件非常痛苦的事情。

眾神到底希望人類「知道」，還是「不知道」，這當中的心態應該相當矛盾（ambivalence）。

應該有不少人能從洛基的懲罰聯想到希臘神話中普羅米修斯（Prometheus）的懲罰，而這兩者確實極為相似。而且兩者都有「火」這個共通的要素。

洛基是火神，普羅米修斯則是從宙斯之處偷盜火種的英雄，而他也因此遭受與洛基極為相似的懲罰（被鎖在山壁上，遭老鷹啄食肝臟）。

「火」具有許多意義，其中之一就是「意識」。火讓人在黑暗中也能視物，換句話說與「知」有關。因此在神話中，「火」扮演著非常重要的角色。

洛基得知眾神不知道的祕密這點，也可解釋成他是與火神有關。

希臘神話中的眾神不讓人類用火，但普羅米修斯卻巧妙瞞過宙斯偷盜火種，帶到人類之處。這個故事中的眾神，也不樂見人類的「知」，所以與神作對的普羅米修斯遭受了嚴厲的懲罰。這可說是《舊約聖經》、北歐神話與希臘神話的共通之處。換句話說，即使「知」會帶來嚴罰，人類依然朝著「知」的方向邁進。

9 最重要的是「死亡的現實」

普羅米修斯所受的苦楚，充分顯示把「火」帶到這個世界是一件不得了的事情。那麼日本的狀況又是如何呢？

日本偉大的女神伊邪那美，生下了日本的國土、山林、原野等所有的一切，但最後卻在生下「火」的時候，因性器遭灼傷而死。

她的丈夫伊邪那岐悲嘆「我可愛的妻子，用自己換來了一個孩子」，於是追隨妻子下到黃泉。

接下來的故事容後再提，先讓我們思考關於火的誕生。日本的過程可說與希臘神話完全相反。希臘神話中的神，拒絕將火給人類。英雄普羅米修斯勇敢地為人類盜取火種，而他也因此必須承受前述的嚴峻苦難。

相較之下，日本的神則是犧牲自己而帶來了火（這雖然是「神話時代」的故事，但應該可以推測火最後傳到人類手上）。因為偉大的母親，願意給孩子所有的一切。

如果我們把「火」看成是意識的象徵，並且解釋成與「知」有關，那麼日本的神，就承擔了《舊約聖經》、北歐神話或希臘神話中所提到的「知」所帶來的苦惱。人類只需要接受，沒有任何痛苦。

我不知道其他國家是否有類似的故事，也不確定能否斷言這個故事就是日本人「安逸」的根本。

各位或許會懷疑，日本人真的可以甘於如此安逸的故事嗎？但故事當然沒有到此結束，關於重要的「火」還有後續。

伊邪那美死後，丈夫伊邪那岐追到黃泉之國。他在那裡見到了伊邪那美，對她說：「我們兩人創造的國土尚未完成，妳回來吧！」

遺憾的是，伊邪那美已經吃了黃泉之國的食物（如此一來就只能留在黃泉之國）。她告訴伊邪那岐，自己去與黃泉之神交涉看看，請他想想辦法。但是她也要求伊邪那岐，在這段時間不能看她。

但伊邪那岐等不及了，他在黑暗中，取下了原本插在自己頭髮上的梳子，點燃其中一齒。這時點燃的「火」，顯然就是「求知」之火。

伊邪那岐在火光中看見的是妻子腐敗的屍體，她身上長滿了蛆，到處都坐著雷神。見到這幅景象的伊邪那岐嚇得拔腿就跑，伊邪那美說「你羞辱了我」，於是派黃泉醜女追上去。

在此省略伊邪那岐拚命逃跑的過程，總而言之，最後伊邪那美親自追上，但伊邪那岐早她一步回到這個世界，並以「千引石」堵住黃泉比良坂，與妻子訣別。

這時候，留在黃泉國的伊邪那美對站在這個世界的伊邪那岐說「既然如此，我就每天殺一千名你的國人」。伊邪那岐則回答她「要是妳這麼做，我就每天建造一千五百間產房」。

後來因為他們的緣故，每天必定有一千人死去，一千五百人出生。

這個故事明確地傳達了「知」的恐怖。妻子禁止丈夫看自己的樣子。但丈夫卻打破禁忌，看見了不該看的東西。

伊邪那岐在這個故事中「看見的景象」，換言之就是「知道的事情」，到底是什麼呢？我想應該具有許多意義。但於我而言，這當中最重要的應該就是「死亡的現實」。

伊邪那岐後來把千引石放在黃泉比良坂，這代表生與死之間原本模糊的界線因他而明確。死與生有了明確的區別，「死」只能逐漸腐爛，再也無法回到「生」這一邊。

雖然洛基的神話也與「死的認知」有關，但伊邪那岐與伊邪那美的故事則更加明確。

《舊約聖經》中，設下禁忌的是父神，破壞的是女性。至於日本神話，設下禁忌的是女性，破壞的則是男性。由此產生的懲罰，兩者也有明確的差異。

父神降下的懲罰極為嚴厲，母神降下的懲罰則立刻被男性中和，甚至可以說產生了對男性有利的妥協。看來這個故事果然還是有點安逸。

只要人類仍是自然的一部分，死亡就是必須接受的現實。這麼一想就會發現，在前面提到的猶太教與基督信仰中，人類背負著「原罪」走向反自然的道路，相較之下，日本人則把自己當成自然的一部分，承受著生命中的悲傷，朝著想辦法將悲傷中和的方向前進。

10 日本人的原罪

身為日本人，很難對「原罪」有什麼具體感受。話雖如此，十六世紀聖方濟・沙勿略（St. Francis Xavier）前來日本傳教時，天主教一下子就在日本普及開來。

後來，豐臣秀吉頒布了傳教士驅逐令，到了德川幕府，更是透過難以想像的嚴格禁令禁止天主教的信仰。天主教雖然因禁教而消失，但日本人在其最初快速普及的時候，如何接受「原罪」的概念也令人好奇。

因為就如同前面提到的，雙方在文化上存在著根本上的差異。

有一份極為耐人尋味的資料可以回答這個疑問。

就在大家以為天主教因幕府的禁令而消失時，九州其實仍留有「隱藏的天主教徒」。

但是隱藏的天主教徒沒有傳教士，他們靠著自己的力量將信仰保留下來，就這樣過了兩百五十多年，逐漸發生了兩種文化互相影響的「涵化」（acculturation）現象[9]。這其實是一件耐人尋味的事情，不過在此只討論我們有疑問的「原罪」的部分。

到了一九三一年，研究者發現，隱藏的天主教徒除了保留了天主教的教義，還保有一部名為《天地始之事》的文書。

文書中以「吾所敬奉之神（Deus），是為天地之主，人類萬物之親」的文體，記錄著與《舊約聖經．創世記》相似的故事。

書中的故事原本的確是由傳教士傳入，但在這兩百五十年間，涵化逐漸發生。在《天地始之事》中，確實可以讀到相當於「禁果」的故事。世界最初的男女是阿當與伊娃，而這指的當然就是亞當與夏娃。

不過裡面的故事稍微偏離《舊約聖經》，伊娃並非來自阿當的骨頭，而是神分別造出兩人，並命他們「成為夫妻」。看來女性由男性的一部分所創造出來的故事，日本人似乎難以接受。前面也提過「女神」在日本的重要性，這麼一想就會覺得理所當然。

誘使阿當與伊娃吃下禁果的，也變成惡魔（指的是路西法），而不是蛇。《天地始之事》中描述，阿當與伊娃吃下禁果時，神出現在他們面前，說他們吃下的是「惡之果實」，並將他們趕出樂園。這時他們兩人向神請求，希望能再一次擁有「天堂的快樂」。

於是「天帝允諾，既是如此，汝等應自省四百餘年。時限若至，自能獲釋」，雖然需要四百餘年這麼長的時間，他們犯下罪依然能獲得赦免。換句話說，「原罪」不復存在。

這實在令人驚訝。「原罪」可說是基督信仰的核心，「原罪」消失之後，信仰該如何維持呢？

曆法對隱藏的天主教徒的生活而言非常重要，這天應該做什麼、不能做什麼，都有極為詳細的規定。他們根據曆法，遵循春夏秋冬的四季更迭過生活。

對隱藏的天主教徒而言，一年當中最沉重的日子就是「踏繪日」[10]了。這天所有的隱藏的天主教徒都必須犯下罪過。而這個沉重的罪過，就靠著一整年自律的生活來補償。當他們終於得以贖罪的時候，踏繪日又到來。

雖然隱藏的天主教徒也與「罪」密切相關，但給人的印象卻不是背負著原罪埋首前進。人的人生觀可分成直線型與圓環型。基督信仰的人生觀是直線前進，但隱藏的天主教徒的人生觀卻是一個圓環，或者也可說是輪迴。這樣的人生觀中有著深刻的悲傷情感，也與春夏秋冬的「自然」作用密切相關。

我在美國提到隱藏的天主教徒的事情，當我說到原罪不復存在的時候，響起如雷的掌聲，讓我相當驚訝。

他們後來對我說：「你應該無法理解，沉重的原罪對我們來說，有多麼痛苦吧？」

我相信原罪確實很沉重。但如果人類只重視「知」，既沒有罪的意識，也不覺得悲傷，只是一味地持續追求「進步」，最後將會演變成什麼情況呢？想到這裡，我也開始有點擔心。

註釋

1 編註：是紐西蘭境內的原住民，屬於泛靈多神信仰並有自己的語言。根據考古學家、歷史學者與近年DNA的研究，其語言文化與臺灣原住民有極多相似處，血脈也相類似。

2 註：呂建忠譯，書林出版。日文版『変身物語』上、下兩冊，中村善也譯，岩波文庫。

3 註：日文原書引用岩波文庫版，全五冊，坂本太郎、家永三郎、井上光貞、大野晋校註。

4 編註：萌芽的意思。

5 編註：納瓦荷族為北美洲培布羅（Pueblo）村落印第安區的半遊牧民族。在一九四〇年間，他們是北美最大的一支部落，約有五萬人。所占據的地區包括現今亞利桑納洲（Arizona）的東北部，及新墨西哥州（New Mexico）的西北部。

6 編註：一至二年生的匍匐草本植物，外部密披灰白色絨毛或白色硬毛，全株可做中藥，尤其是果實的部分。

7 註：《北歐神話與傳說》（*Miti e leggende del Nord*），格倫貝克（Vilhelm Grønbech）著。日文版『北欧神話と伝説』，山室靜譯，新潮社。

8 編註：為一種附生植物，採半寄生方式生長。常被用做聖誕節的裝飾物與象徵物。

9 編註：指兩個或兩個以上的文化因直接且持續的接觸，形成一個文化接受其他文化的現象。

10 譯註：德川幕府發明的儀式，將耶穌像、十字架或聖母瑪利亞像放在地上要求人民踩踏，以分辨是否為天主教徒。

| 第三章 |

「男與女」的深層心理

1 以二分法思考永遠的問題

如何看待男性與女性，永遠是個問題。這個問題恐怕沒有「解決」的一天，而且就算找到解答了，生活或許也就此失去樂趣了。

然而，不同的文化、不同的時代，對於男性與女性的看法及定位，有相當大的差異，即使到了現代，依然沒有世界共通的標準。

當然，大家應該都同意男性與女性在身體上的不同，但除此之外的各種差異，也逐漸加諸上來。

接下來就要試著透過神話來思考，這樣的差異是如何形成，又為什麼會形成。

上一章已經提過，光與暗、天與地的分離，在創世之初具有非常大的意義。混沌之物一分為二，可說是人類意識的開端。

因此當日後人類的意識體系發展到愈來愈複雜時，二分法的結構就變得極為重要。

除了上下、左右、內外、強弱、高低等二分法之外，還需要善惡與美醜等判斷基準。這所有的要素組合起來，才構成我們的意識體系。

現在的電腦就透過二分法的結構，完成相當複雜的思考。從這點應該也能看出二分法的重要性吧！

但如果二分法再加上男女的要素，問題就會變得難解。

因為任誰都會注意到人類有男女之別，這樣的差異，原本獨立於前述的二元分割。

但古代人試圖在這個世界上建立起自己的秩序時，將男女的二分法與其他事物重疊在一起。各個團體的世界觀與人生觀，就因為其相信的秩序而有不同。

我雖然用了「自己的秩序」來形容，但這是一種外部的觀點。對於內部的人而言，「秩序」就是秩序，破壞秩序將遭到團體排斥。

因此各個文化中都會產生「男人應該如此」或「女人應該如此」的刻板印象。

我小時候是個愛哭鬼，但當時大家強烈認為「男兒有淚不輕彈」，所以我吃了不少苦頭。但男人流淚其實也沒有什麼大不了，如果閱讀王朝時代[1]的故事，就會發現男人無論是快樂還是悲傷，都會流淚。

根據文化人類學家的研究，「男性氣質」或「女性氣質」等狀態並非與生俱來，而是文化上的規定。這點在最近已經成為相當普及的認知。

但男女有別是事實，兩者並非所有的一切都完全相同。而且人類家庭中無論如何都會有男有女，因此一旦開始思考家庭中的「秩序」，也會關係到男女或是父母何者占優勢等問題。

由此可知，男女的問題是相當難解的課題，而不同文化對於這個問題，分別又是如何描述的呢？

2 表明父性原理的決心

對古代人來說，思考男女差異的時候，首先最重要的應該是女性會生孩子，男性則不會。女性能夠懷孕生子。這時如果男性扮演的角色不明確，說得極端一點，人類只要有女性便已足夠，因為母親生下的女孩，長大成人之後也能成為母親並生下孩子，如此一來，血緣就能延續，所以女性無論如何都會是中心，男性則是其從屬。

而且農耕民族更容易感受到母親大地的偉大難以計量，因為生長於大地的穀物到了冬天看似死去，但春天來臨時又重新冒出嫩芽。因此不難想像，偉大的母神是農耕民族的中心信仰。

事實上，就算是歐洲出土的、基督信仰之前的遠古時代土偶，也強調女性的胸部、臀部、性器官等特徵，讓人聯想到大母神的形象。

然而，一旦加入部族之間的戰鬥等要素，身強體壯的男性就難免會比女性占優勢。因此隨著時代演變，男性就愈來愈想要將其優勢展現出來。

還有另一個問題是人類與自然之間的關係。

沙漠地帶的遊牧民族難以產生「與自然共存」的感覺，或是感受到「自然的包容」。對他們來說，如何隨心所欲地控制代表自然的「羊」，是最重要的課題。因為如果羊群不能隨自己的意志移動，就無法生活下去。

在如此嚴苛的條件中，當然不可能產生被大地母神溫柔擁抱的感覺。穩穩支配一切的父神形象變得強大，反而較為理所當然。

羊群中領頭的原本就是公羊，母羊與小羊都跟在牠的身後。至於引導羊群則是男人的工作。除了負責領頭的種羊之外，所有公羊到了一歲都必須殺掉，而宰羊的任務也由男人負責。

所以父親的角色在這樣的文化中就逐漸受到重視。

《舊約聖經．創世記》中也可以讀到關於男人與女人的描述。神在第七天結束他創造天地的工作，而第一章中寫到，在創世的第六天「神照著自己的形象造人，乃是照著祂的形象造男造女」。

至於第二章則寫得更詳細，「耶和華神用地上的塵土造人，將生命氣息吹進他鼻孔裡」。神將人帶到伊甸園，「耶和華神讓他沉睡，趁他沉睡時取下他的一根肋骨，又把肉合起來。耶和華神就用那人身上所取的肋骨造了一個女人，領她到那人跟前」。換句話說，女人是由男人的一根肋骨創造的。

《舊約聖經》後面還寫到，所有的孩子都由母親所生，就連基督也是瑪利亞生下的。但是猶太教及基督教中，最早的女人源自於男人的故事，值得矚目。

直截了當地說，從這段故事中可以窺見《舊約聖經》意圖將男性對女性的優越性定調為根本秩序。或者再說得更精確一點，《舊約聖經》試圖把男人的觀點當成看待這整個世界的標準。

透過這段情節，可以感受到《舊約聖經》表明貫徹父性原理，企圖違反自然、支配自然的決心。

3 女人的哪些特質讓男人心動？

爪哇神話對於男女起源的描述如下。這裡引用的是民族學者大林太良的《神話學入門》[2]。

創造神用黏土造人，捏成男人的形狀，接著神覺得「一個人無法在地上繁殖。幫他造個妻子吧！」但已經沒有黏土了。「於是創造神取月的渾圓、蛇的起伏、常春藤的纏繞、草的顫動、大麥滑順的形狀、花的香味、木葉的輕快、小鹿的眼神、陽光的開朗與愉快、風的敏捷、雲的淚水、棉絮的纖細、小鳥的易受驚嚇、蜜的甘甜、孔雀的虛榮心、燕子的柳腰、鑽石的美麗與金背鳩的叫聲，將這些特質混和在一起造成女人，給男人當妻子」。

這段文章清楚地描述出男人如何看待女人，或是想要如何看待女人。

而沒有黏土可造女人這點，也可解釋成女人的「實體」對男人而言多麼難以捉摸，讓他們心動的是女人的幻象。這麼一想，就能理解這則故事的後續。

接下來的故事如下。

後來過了兩、三天，男人來到創造神之處，抱怨女人的嘴巴完全沒有停下來過，一點小事就能發牢騷，於是神就把女人收走了。結果男人又來對神說他很寂寞，神便把妻子還給他。當男人再度來找神抱怨時，神告訴他，男女必須盡全力一起生活。

男人感嘆「我受不了和她一起生活，但是沒有她卻又無法生活」。

男人在和自己發生關係的女人的幻象與現實之間徘徊，最後得到「沒有她無法生活」的結論。

這是基於古時候男性眼中的女性所誕生的故事，目的可說是為了讓男女接受神所做的事情，一起生活下去吧！

但在新時代的女人眼中，男人已經成了「大型垃圾」或「甩不掉的跟屁蟲」，而且「沒有他，我也能活下去」，這麼一來，故事又會變成什麼樣子呢？可惜的是，現在似乎難以從中創造出具有如此深度幽默感的「故事」了。

失去神話的人生，似乎也少了點樂趣。

4 女人既是太陽，也能成為男人

二分法思考的指標之一就是「日月」。從自然科學的知識來看，日月之間不可能擁有對比或相對的關係，但從古代人的認知來看，兩者是非常明顯的相對物體，擁有同等的份量。

「日月」何者較為重要，在現代不成為問題，但並非在所有的文化中，太陽的地位都高於月亮。太陽在熱帶與其說是恩賜，還不如說更像是一種殘酷的存在。

太陽是男神、月亮是女神的情況，在神話世界中占了絕大多數。西洋象徵主義的體系中，太陽一般連結到「火—主動—黃金—精神—男性」，相對地，月亮則連結到「水—被動—白銀—肉體—女性」，雖然兩者可說具有互補作用，但前者多半給人地位較高的印象。

如此明確的區別，原本就是基於父性原理，而就「男人之眼」來看，難免會將太陽連結到男性，強調男性的優越性。

相較之下，各位都知道，日本的太陽是一位名為天照大御神的女神，至於月亮則是男神。這點呈現出日本文化的多面性與多樣性。

關於這點容後再述，總而言之，日本自古以來就存在「太陽是女性」的神話，值得矚目。

附帶一提，把太陽當成女神的情況，放眼全世界也相當少見，就我所知，除了日本之外，就只有在美洲原住民因紐特族（Inuit）[3]、切羅基族（Cherokee）[4]與猶奇族（Yuchi）[5]的神話中看得到。從這點也能看出太陽是女神這點，在日本神話中的重要性。

即使男人耀武揚威，但還是存在著女人也能變成男人的故事。古希臘奧維德的《變形記》中，有一篇名為〈伊菲斯與伊安特〉（Iphis and Ianthe）的故事。雖然伊菲斯與伊安特都是人類而不是神，但神在這則故事中扮演重要的角色，在此也向各位介紹。

在菲斯特斯（Phaestos）這個地方，有一對名為立格德斯（Ligdus）與泰麗淑莎（Telethusa）的夫婦。妻子將要臨盆的時候，丈夫對她說「我想要男孩」，並且還說，如果生下的是女孩，就不養育她。

但是，女神艾西斯（Isis）出現在妻子的夢裡，告訴她不要聽丈夫的話，無論生下的是男孩還是女孩，都要將孩子撫養長大。

泰麗淑莎後來生下了一名女孩。她為了瞞過丈夫的耳目，將女孩取名為伊菲斯，並當成男孩撫養。

伊菲斯十三歲的時候，父親為她與金髮的伊安特定下婚約。兩人雖然相愛，但這也加深了伊菲斯的苦惱。

終於隔天就要舉行婚禮了，泰麗淑莎只能一心一意地向女神艾西斯祈禱。結果「神殿的門扉晃動，新月形狀的角綻放光芒，發出清脆的聲響」。這是艾西斯顯靈的吉兆。

泰麗淑莎離開神殿時，發現伊菲斯變成了男孩。伊菲斯與伊安特就這樣歡歡喜喜地結為夫妻。

這段故事耐人尋味的是，父親在「父系社會」的秩序中，如願以償地獲得了自己想要的兒子，但實現這個願望的，卻是名為艾西斯的女神。

變性的奇蹟，只在「艾西斯（女神）─泰麗淑莎（母親）─伊菲斯（女兒）」之間發生，父親什麼也不知道。

這個故事有趣的地方就在於，雖然故事認同父權與男性的優越性，但實現父親願望的，其實是女性的陣營。

父親因為事情照著自己的想法發展而心滿意足，但推動這一切、瞭解這一切的卻是女神─母親─女兒。

我想故事中所描寫的，也是男性與女性應該呈現的樣貌，以及兩者之間微妙的關係。

5 「性」無法支配

男人與女人，到底何者地位較高呢？這個問題往往會挑起爭端，所以也有神話就以男人與女人有沒有辦法和睦相處為主題。這是美國原住民納瓦荷族的神話，故事相當精彩。

「第一個男人」（Altsé hastiin）為了讓他的妻子「第一個女人」（Altsé asdzáá）有食物吃而努力打獵。某天，男人獵到一頭鹿，兩人飽餐了一頓，女人因此感謝起自己的陰道：「陰道啊，謝謝你的恩賜。」

男人勃然大怒，他覺得女人應該感謝自己，但女人卻說，男人這麼努力都是為了與女人性交，所以這頭鹿等同於陰道的恩賜。夫妻於是發生爭執，男人離家出走。

第一個男人號召村裡的男人離開，因為女人宣稱沒有男人自己也能生活，於是所有的男人都搭上木筏渡河而去。

一開始，男女即使分開似乎也能活得下去，但隨著時間經過，雙方都愈來愈困擾。有些女人赤裸身體試圖引誘對岸的男性，有些則因為嘗試渡河而死去。而男性也因為抑制性欲而過得相當辛苦，在此先略過不提。

第一個男人在男女分開後的第四年終於改變想法，他把第一個女人叫來，問她：「妳們依然覺得光靠自己也能活得下去嗎？」

女人則回答「我們已經不這麼想了」，雙方承認彼此的錯誤並達成和解，最後歡歡喜喜地住在一起。

這則神話原本很長，這裡大大地精簡了內容。原文當中關於性的描寫，既仔細又占了許多篇幅。其特徵是男女最後雖然和睦相處，但「條件」是誰的地位都沒有高於對方，男女平等以對，最後才勉強算是圓滿收場。

另一個特徵是關於「性」的描述相當露骨。男女之間的和解「自然」發生，而故事中關於「性」的描述既不排斥也不隱諱，或許就像這個過程一樣「自然」。

如同前述，人類在《舊約聖經》當中因為獲得智慧而對自己的裸體感到羞恥。換句話說，人類以自然的狀態為恥，因此關於性的描述，在這樣的文化中就成為禁忌。

人類以為自己能夠支配自然，但「性」無論如何都無法支配。因此父權的意識對性產生厭惡，甚至認為女性誘惑自己別有目的，自己則沒有任何問題。

於是他們試圖在女性身上烙下「惡」的印痕，關於這點，日後有機會再說明。相較之下，納瓦荷族男女「自然而然」彼此靠近的神話，就顯得相當有智慧。

6 天照大神的智慧

納瓦荷族的智慧雖然很了不起，但事態像這樣自然地發展，就某種意義來說，反而因為太過順利，而失去發明文字與發展科學的必要性。

就這點而言，從「女人源自於男人」——換句話說，相當違反自然——的文化中發展出今日的文明，就值得深思。

不過就現在地球的整體狀況來看，也讓人覺得差不多有必要重新檢討父權的意識了。這時候，把太陽當成女神的日本神話，就出乎意料地具有重大意義。

「太陽是女性」是否就代表女性的地位在男性之上呢？事情沒有那麼簡單。如果日本神話認為女性的地位較高，那麼應該像前面提到的大地母神的崇拜一樣，男性在「母親—女兒」這個永遠的循環中，頂多只能擔任打下手的角色。

但日本的太陽女神「天照大神」，並沒有誕生自「母親—女兒」的循環。她是「父親的女兒」。在此省略詳細的描述，總而言之，天照大神從父親伊邪那岐的左眼出生，是名未曾看過母親的女性，因此她的形象並非單純展現女性的優越性，而是建立在女性與男性的平衡之上。

「父親的女兒」是美國榮格派的女性精神分析師西爾薇亞．珀瑞拉（Sylvia Perera）所注意到的特質。

雅典娜就是希臘神話中典型的「父親的女兒」。她全副武裝高聲吼叫，從父親宙斯的頭上誕生。她雖然美麗，但也散發強大的光輝。男人不想成為她的愛人，反而以追隨她而自豪。

美國能力好的女性，順應女性解放運動的潮流，在社會上發光發熱，獲得財富與地位。儘管她們以為自己獲得了一切，卻不覺得滿足，甚至還感受到孤獨與不安。

她們求助於精神分析師之後才發現，自己或許是「父親的女兒」。她們想要全力以赴活出自己的人生，卻沒發現自己一直都困在「父親的價值觀」中，沒有思考過自己身為女性應有的生活。如果自己不是「父親的女兒」，而是「身為獨立個體的女性」，該如何生活呢？即使擁有許多追隨者，她們依然必須承受孤獨的痛苦。

天照大神也是「父親的女兒」，但她與雅典娜非常不同。

雅典娜的父親宙斯，一直都保有希臘眾神之主的地位，但天照大神的父親伊邪那岐在她出生之後，立刻就把高天原的統治權讓給她，自己則隱居起來。換句話說，伊邪那岐並沒有確立父權意識的意圖。因此天照大神並不符合美國現代女性所謂的「父親的女兒」。

閱讀日本神話的重點，就在於男性與女性之間的這種微妙關係。簡單來說，就是告訴我們不要分得那麼清楚，我想這或許也是一種智慧。

7 熾烈愛情的結局

接下來介紹幾個在希臘神話中反映種種男女關係的知名故事。

雖然這些故事就像常識，但意外的是現代年輕人似乎都沒聽過——如果他們知道這些故事，應該就可以再減少一些談愚蠢戀愛的人吧？

首先就從典型的轟轟烈烈的愛情開始說起。

畢拉穆斯（Pyramus）與緹絲碧（Thisbe）是鄰居，但兩家的父母關係並不好。畢拉穆斯是巴比倫最俊美的青年，緹絲碧則是最美麗的少女。

兩人陷入熱戀，但父母不允許他們結婚。不過隔在兩家之間的牆壁有一道裂縫，兩人就透過這道裂縫說話。

只靠話語交流已經無法滿足他們，兩人約在城外的尼諾斯之墓見面。緹絲碧以面紗將臉罩住，溜出家門去到約定的地方，結果那裡出現了一頭剛才不知道咬死什麼，滿口鮮血的獅子。

緹絲碧雖然好不容易逃過一劫，她的面紗卻掉了。獅子則咬住面紗，將其撕裂。

晚一步到的畢拉穆斯，看見沾滿血的面紗與獅子的足跡，以為情人命喪獅子之口，於是舉劍刺向胸口，結束自己的生命。這時濺出的血花，將附近的桑葚都染成鮮紅色。

緹絲碧到達那裡之後，瞭解事情的經過，於是她也自殺了。兩人的父母與眾神都感到相當不忍，於是將兩人葬在一起，而桑樹至今依然結出紅黑色的果實。

應該有不少人聽了這個故事之後，聯想到羅密歐與茱麗葉的悲劇。父母反對他們的熱戀、以及兩個熱戀中的人因為輕率的誤會而造成悲劇這點，在這兩個故事中完全相同。

熱烈的愛情多半以悲劇收場。但也有人認為，熱烈而純粹的愛情以悲劇告終，效果最好。的確，如果羅密歐與茱麗葉歡天喜地結婚，到了第七年左右過著什麼樣的生活等等，難免讓人覺得太缺乏魅力。

愛情雖然美好，但也不能忘記，如果愛得太過熾烈，彼此都做出輕率的判斷，很容易導致悲劇。

另一個非常有名的故事〈寶西絲與腓烈蒙〉（Baucis and Philemon），講述的則是細水長流的夫妻，而不是乾柴烈火般瞬間燃燒的愛情。

宙斯與兒子赫密斯（Hermes）為了測試人類，偽裝成人類的樣子旅行，某天他們來到一座位於佛里幾亞（Phrygia）的村莊。但他們抵達時已經是深夜，因此乞求住宿時都遭到村民無情的對待。

這時只有貧窮的農夫腓烈蒙與妻子寶西絲，儘管自己家貧如洗，依然熱情招待他們。

於是宙斯表明自己的身分，要求兩人隨自己登上小山的山頂。後來宙斯引發洪水將村子沉入湖底，而兩人的家則變成黃金神殿。

這時宙斯問兩人有什麼願望，兩人商量之後告訴宙斯，自己希望成為神殿的看守者，而且由於一直以來都感情很好地生活在一起，所以希望死的時候也能同時嚥氣。

宙斯答應了他們的要求，後來兩人就成為神殿的司祭，某天，兩人分別化身為菩提樹與橡樹，後來這兩棵樹就成為善良、和睦的老夫妻的象徵，佇立於當地。

最後化為兩棵樹的部分，也讓人聯想到日本的高砂之松。兩人細水長流的愛，或許超越了兩人和睦的生活，成為兩人對彼此以外的人也敞開心房的關鍵。

燃燒的火焰雖然溫暖，但總有一天會消失。佇立的樹木儘管無法燃燒，卻能萬古長存。

希臘神話在描述一對男女的故事時，會視情況將男性或女性的名字擺在前方，我想這個故事先提到寶西絲（女性）的名字，或許也具有某種意義。

8 求之不得的男女

至於求之不得的愛情故事，最具代表性的當屬阿波羅（Apollo）與達芙妮（Daphne）吧！

故事從愛神厄洛斯（Eros，邱比特）的惡作劇開始。厄洛斯為了報復阿波羅的嘲弄，而將引起戀慕的黃金箭射向阿波羅，再將排斥愛情的鉛箭射向達芙妮。

達芙妮既不想戀愛也不想結婚，拒絕所有的男人。但阿波羅非常迷戀她，拚命追著她跑，想要將她捉住。達芙妮四處躲避，眼看就要躲不過了，便向父親河神求助，父親於是將她變成一棵樹。

阿波羅既然無法與達芙妮結婚，就把她當成自己的樹，以她的枝椏為冠，戴在自己頭上。達芙妮變成的那棵樹就是月桂樹。

當一個人對另一個人產生好感時，對方多半也會有同樣的感覺。但只有戀愛不同，經常會發生單相思的狀況。

這個現象與其用愛神的惡作劇來說明，或許不如說是一種無奈。

艾珂（Echo）與納西瑟斯（Narcissus）的情況則完全相反。艾珂是美麗的森林精靈，因為在宙斯幽會情人的時候幫他隱瞞，而觸怒了宙斯的妻子赫拉，於是赫拉便懲罰她「不能自己主動說話，只能回應別人說的話」。

艾珂喜歡上一位名叫納西瑟斯的俊美青年，但她卻無法主動表達愛意，終究只能以「回聲」的方式回答納西瑟斯的話，最後她來到納西瑟斯身旁，試圖對他投懷送抱。

但是納西瑟斯卻甩開艾珂揚長而去。

自此之後，艾珂就住在洞穴或山崖裡，因為太過悲傷而消失形體，只有聲音留下來。這就是回聲的由來。

納西瑟斯的殘酷不只是針對艾珂，在面對其他精靈時也是如此。

納西瑟斯最後因為被他拒絕的少女們的祈求，愛上自己的水中倒影而死去。「自戀」的英文是「narcissism」（納西瑟斯情結），就源自於這個故事。

只能回應對方，但無法主動說話的艾珂雖然令人同情，但世界上確實存在著這種類型的女性，而且也有男性喜歡（儘管納西瑟斯不屬於這種男性）。

有些時候，他們聽到的只是自己的「回聲」，但卻以為對方是個善解人意的理想伴侶，直到結婚之後才發現對方沒有「實體」，並因此而後悔。

9 處女神的憤怒

還有故事講述的不是男女之間的戀愛，而是男性入侵女性的世界，搶走人家的女兒。

地母神荻蜜特（Demeter）的女兒波瑟芬妮（Persephone）到原野摘花，結果冥界之王黑帝斯（Hades）從地底乘著四輪馬車出現，將她搶至冥界。

像這種男性侵入女性世界的情節，可說是世界各地都有的基本故事。

在母權或是母系世界中，母親與女兒的連結緊密，男性的存在感則較為稀薄，然而當父權或是父系世界逐漸抬頭，這樣的故事或許也隨之誕生。

雖然黑帝斯將波瑟芬妮帶走，但有趣的是，希臘神話中也有成功防止男性入侵的故事。阿波羅的孿生姊妹處女神阿堤密斯（Artemis）擅長狩獵，她帶著精靈隨從，在山谷裡自由來去。

某天，阿堤密斯與精靈一起沐浴時，不知情的阿克提安（Actaeon）闖入。阿克提安也是喜歡打獵的青年，他帶著獵犬出獵，卻不小心闖進阿堤密斯沐浴的地方。

阿克提安的身影驚動了精靈，她們試圖用自己的身體將阿堤密斯擋住。阿堤密斯在精靈們的環繞下，朝著闖入者的臉潑水，對他說：「你能開口就說吧，說你看見阿堤密斯的裸體。」

結果阿克提安頭上立刻長出公鹿的角，轉眼間就變成了一頭鹿。阿克提安的愛犬看到鹿就追了上去，他們不知道那是自己的主人，就這樣將鹿大卸八塊。

這是一則非常殘酷的故事，但也反映出處女神阿堤密斯對於入侵自己世界的男人，懷有多麼強烈的怒氣。

精神分析領域，因為這則故事，而借用阿堤密斯的羅馬名「黛安娜」，創造出「黛安娜情結」這個名詞來。

黛安娜情結指的是女性極為獨立，自己扮演男性的角色，不讓男性靠近，或是使男性追隨自己。

然而女性獲得相當程度的獨立性在現代反而是理所當然的想法，因此「黛安娜情結」一詞也愈來愈少用了。

女性獨立自主原本是好事，但害得接近自己的男性喪命，就讓人不敢苟同了。

10 「心」與「愛」的結合

前面提到的都是求之不得的悲劇，不過當然也有幸福的婚姻。最典型的故事就是英雄珀爾修斯（Perseus）打敗怪物，拯救差點成為怪物祭品的少女安朵美達（Andromeda），最後兩人結為連理。

這成為歐洲最基本的故事。歐美後來流傳的許多英雄故事，甚至可以說都承襲了這個基本架構。

然而在這個故事中，女性的角色過於被動，只能被怪物抓走，等待英雄前來拯救。

榮格派精神分析師埃利希．諾伊曼（Erich Neumann）[6]主張，以這個架構確立的自我意識，無論對男性還是對女性而言，都是從「男性英雄」的姿態呈現。

不過近年來也開始反省，這樣的姿態因歐洲強烈的男性原理優勢而誕生，但如果重視女性原理又會如何呢？又或者，若是在考量「女性意識」時，只依靠這樣的英雄神話，不就只能得到偏重男性的結果嗎？

有一個故事很適合思考這些問題，這個故事就是〈厄洛斯與賽琪〉（Eros and Psyche）。

故事如果要詳細說明，會花很長的篇幅，而諾伊曼也在他的著作《丘比德與賽姬》[7]中進行了詳細的分析，所以接下來就只針對重點進行介紹。

賽琪是某位國王的三個女兒中最小的一個。她長得太過美麗，以致於許多人幾乎都把她當阿芙蘿黛蒂（Aphrodite）[8]崇敬。阿芙蘿黛蒂對此相當不悅，派兒子厄洛斯（邱比特）前去報復。但是厄洛斯卻對賽琪一見鍾情。

賽琪的兩位姐姐也是美女，她們都與王子結婚，但賽琪卻找不到對象。於是她的父母請示阿波羅的神諭，阿波羅回答道：「她必須與在山頂上等待的怪物結婚。」

賽琪的父母相當悲痛，但她卻決定聽從命運的安排。

賽琪靜靜地站在山頂，澤費洛斯（Zephyrus，西風）溫柔地將她送到美麗的山谷。她睡了一覺後醒來，發現自己在一座雄偉的宮殿裡，只能聽到看不見身影的「聲音」。聲音告訴賽琪，她是這座宮殿的女王，聲音則是僕從，她可以對聲音下達任何命令。

賽琪沒有想到她可以在這座宮殿裡，過著舒適到不像在人間的生活。

她的丈夫只會在晚上前來，清晨就離去，因此賽琪看不見丈夫的樣子。但丈夫卻溫柔地打從心底疼愛她。

她雖然想看看丈夫的樣子，但丈夫卻告訴她，彼此相愛比這更重要，而賽琪也聽從丈夫的話。

某天，賽琪告訴丈夫她想見姊姊，丈夫答應了她的要求，命令澤費洛斯把兩位姊姊帶來這裡。

姊姊們忌妒賽琪的生活，覺得賽琪的丈夫一定是怪物，並慫恿賽琪點燈看清丈夫的樣子，如果真的是怪物，就一刀把他的頭砍下。

賽琪在姊姊們回去之後，聽從她們的建議，晚上趁著丈夫睡著時，取來燈火點亮，看清丈夫的樣子。原來她的丈夫就是愛神厄洛斯，非但不是怪物，甚至還俊美無雙，充滿魅力。

賽琪想要更仔細看清他的容顏，於是把燈火拿得更近，但蠟滴落在厄洛斯的肩膀上，將他驚醒了。

厄洛斯立刻張開翅膀飛走，賽琪追也追不上。

厄洛斯告訴賽琪，自己不顧母親的反對與她結婚，但既然她看見自己的樣貌，就不能再繼續下去了，只能與她永遠告別。

賽琪雖然難過，但她也認為首要之務是平息阿芙蘿黛蒂的怒火，於是便去找阿芙蘿黛蒂，成為她的侍女。阿芙蘿黛蒂故意刁難賽琪，交給她許多困難的工作。

阿芙蘿黛蒂首先命令賽琪在混入了許多穀物的倉庫中，將這些穀物一一挑出來分類。賽琪最後在螞蟻的幫助下，完成了這項工作。

接著阿芙蘿黛蒂又要求賽琪從野生的羊當中，把金毛的羊找來。這個任務也在河神的建議下成功。

但阿芙蘿黛蒂仍不滿意，她要求賽琪下到冥界去見波瑟芬妮，向波瑟芬妮分一點美貌帶回來。

賽琪心想，如果要去冥界的話，除死之外別無他法，於是準備從高塔躍身而下，這時高塔出聲幫助她，賽琪終於順利見到波瑟芬妮，拿了裝著她的美貌的箱子踏上歸途。

「聲音」雖然警告賽琪絕對不能打開箱子，但賽琪想要變得更美麗以討丈夫歡心，還是忍不住把箱子打開。但箱子裡裝的不是美貌，而是冥府的沉眠，於是賽琪就像死去一樣陷入沉睡。

得知這件事的厄洛斯飛來，把賽琪體內的沉眠收集起來封進箱子裡，再用箭輕碰賽琪將她喚醒。

賽琪帶著箱子回去找阿芙蘿黛蒂，厄洛斯也趁著這段時間拜訪父親宙斯，求他想辦法平息阿芙蘿黛蒂的怒氣。

宙斯與眾神商量，終於讓阿芙蘿黛蒂接受了賽琪，並賜予賽琪不死神饌讓她擁有神體，允許她與厄洛斯結婚。

於是兩人終於正式結為連理，並舉辦了喜慶的婚禮。他們在滿月時生下一名女兒，並取名為「喜悅」。

這真是個幸福的結局，而且與珀爾修斯及安朵美達的英雄故事相比，明顯帶有女性故事的意味。

這個故事可以分成序章、死亡婚姻、賽琪打破禁忌窺見丈夫的行為、賽琪完成阿芙蘿黛蒂交辦的任務、幸福的結尾等幾個階段思考。接下來試著簡單說明各個階段的意義。

「死亡婚姻」的意義是最需要強調的一點。對女性而言，婚姻代表少女之死，並以妻子的身分重生。因此在許多社會中，婚禮都與葬禮相似。

日本新娘的白無垢也曾是「喪服」[9]。因此結婚首先體驗的是死亡的悲傷。賽琪先經歷這樣的過程，才進入與厄洛斯共度的美好婚姻生活。

只強調結婚的喜悅，忘記當中也隱含了死的悲傷，是現代先進國家的缺點。甚至也有人在婚後不久，才體驗到當時沒有經歷的「死亡」，最後因為受不了如死般的痛苦，而做出離婚之類的愚行。

賽琪接受了「死亡婚姻」的命運。

雖然她在之後主動採取各種行動，但一開始展現的被動性相當重要。

賽琪在婚後的幸福，可說是一種「無知」的幸福。接著她在姊姊們的慫恿下，看見了丈夫的樣貌。

這裡不能忽略的是，姊姊們看似惡意的行為，卻對賽琪的成長帶來幫助。賽琪因此經歷了相當程度的痛苦。

對賽琪而言，阿芙蘿黛蒂接下來給她的都是必要的試煉。若與男性英雄經歷的試煉相較，應該會很有趣，但在此省略這個部分。

最後賽琪不顧忠告打開箱子的部分也很重要。因為這代表她決心與母神阿芙蘿黛蒂的美貌對抗。

儘管對抗伴隨著危險，但最後在厄洛斯的幫助下獲得了幸福的結局。賽琪代表「心」，厄洛斯代表「愛」，心與愛的結合生下了「喜悅」，這點也讓人不難理解。

註釋

1 譯註：日本歷史中，天皇仍掌握實權的時代。

2 註：『神話学入門』，大林太良著，中公新書。

3 編註：美洲原住民之一，分布於北極圈周圍，包含加拿大、美國阿拉斯加和格陵蘭等地，有自己的語言，也有人稱他們為愛斯基摩人。

4 編註：美洲原住民之一，為母系社會部落，其語言為易洛魁語（Iroquoian）的一種，是使用率第二高的美洲原住民語種。

5 編註：美洲原住民之一，他們的語系特殊，在世界上沒有與之相似的語言。

6 編註：埃利希・諾伊曼（Erich Neumann），於德國柏林出生，獲得博士學位之後，定居以色列特拉維夫（Tel Aviv），從事心理治療的工作，兩度追隨榮格從事研究工作。曾任「以色列分析心理學會主席」。

7 註：《丘比德與賽姬：陰性心靈的發展》（*Amor and Psyche: The Psychic Development of the Feminine : A Commentary on the Tale by Apuleius*），埃利希・諾伊曼著，呂健忠譯，獨立作家。日文版『アモールとプシケー』，紀伊国屋書店。丘比德，或譯為邱比特，是厄洛斯的羅馬神話名，至於Amor應是愛神的意思。

8 譯註：希臘神話中代表愛情、美麗與性欲的女神，對應到羅馬神話中的維納斯。

9 譯註：原文「死に装束」更直接的翻譯是「壽衣」，但這種裝束除了去世的人，喪禮或切腹時也會穿，所以此處選擇譯為「喪服」。

｜第四章｜

親子之間的矛盾

1 打動孩子心底深處的故事

小時候讀到的故事，有些令人印象深刻，忘也忘不了。我小時家裡有一套日本ＡＲＳ出版社出版的「日本兒童文庫」[1]，這套書在鄉下相當少見。我家裡有一整套，所以我可以從這套書中，挑選感興趣的來閱讀。

我清楚地記得，當中有一本《世界神話傳說集》[2]，裡面一篇名為〈四顆石榴籽〉的故事不明所以地非常吸引我。

這則故事，既沒有可喜可賀的結局，也沒有大顯身手的英雄，讀起來的感覺，與「格林童話」或「一千零一夜」不同，並不會讓我覺得「實在太有趣了！」但即使如此，當時還是孩子的我，依然深深被故事打動。

長大成人之後，這則故事依然留在我的心底，一直到我留學進入榮格研究所，聽了關於神話的課之後，才知道這其實是一則相當重要的希臘神話。在我瞭解其意義的同時，也似乎能夠理解這則故事為什麼能夠莫名地帶給我深刻的印象。這則故事非常有名，這裡簡單做個介紹。

上一章也出現過的地母神荻蜜特之女波瑟芬妮（或譯為「泊瑟芬」，也有人稱她為柯瑞

〔Korē〕，為「女兒」的意思），前往春天的牧場摘花。她想要摘下一朵水仙，但這其實是主神宙斯設下的圈套，目的是為了讓她成為冥界之王黑帝斯的妃子。

她摘下水仙之後，大地裂開，乘著黃金馬車的黑帝斯出現，將波瑟芬妮擄走，帶回地底的世界。痛失愛女的母親荻蜜特，出外尋找愛女的蹤影，卻一直都找不到。

荻蜜特後來終於知道這是宙斯的計謀，因而勃然大怒。她從此之後就在人類的世界流浪，再也不靠近眾神居住的奧林帕斯。

女神荻蜜特化身為一名老婦，在人類世界遊蕩，後來受邀前往艾盧西斯（Eleusis）國王克雷歐斯（Celeus）的皇宮。她因為悲傷而沉默不語，也不吃任何東西。於是國王的侍女伊爾姆貝（Iambe）做了許多搞笑的行為，終於逗得她發笑，心情也平靜下來。

後來荻蜜特成為克雷歐斯之子狄默豐（Demophon，又名為三重戰士〔Triptolemos〕）的奶媽。她每天晚上都將狄默豐放入火中烤煉，燒去應死的部分，試圖將他淬鍊為不死之身。但她的行為卻被發現了。

就在大家以為奶媽試圖殺害王子時，女神現出真身，把眾人都嚇了一跳。

女神不回天界，大地就無法結實，家畜也無法繁殖，人們一籌莫展。宙斯於是命令黑帝斯將波瑟芬妮送還給荻蜜特。

但黑帝斯卻策劃了一項計謀，就在波瑟芬妮將要離開時，他慫恿波瑟芬妮吃下石榴籽。被矇在鼓裡的波瑟芬妮在吃下四顆石榴籽後，才回到母親身邊。

但依照規矩，吃了死者國度的食物，就再也無法與這個國度切斷關係。

因此，波瑟芬妮因為黑帝斯的計謀，不得不回到地底。但這麼一來，事態會變得難以收拾，於是宙斯想到一個妥協的方法。因為波瑟芬妮吃下了四顆石榴籽，所以一年當中只需要在地底與丈夫共同生活四個月，其餘的八個月則可以待在母親身邊。

波瑟芬妮在地底的這四個月，荻蜜特就讓大地進入冬天，無法結實。波瑟芬妮回到地上後，春天再度來臨，就這樣年復一年。

這就是〈四顆石榴籽〉的故事，但正式名稱應該是「荻蜜特與波瑟芬妮（女兒）」的故事。這則故事之所以會在我幼小時的心靈中留下某種深刻的印象，或許也是因為其內容關係到人類本質的根源。關於這點將在接下來說明。

2　深不可測的母女一體感

在探討人類精神史的時候，母女之間的一體感，是基礎中的基礎。畢竟，生下孩子的是母親，這是毋庸置疑的真理。因此就像前面所說的，母神在世界神話中占有重要的地位。而前面也已經說明過，神話如何看待男性在這當中所扮演的角色。

而如果把焦點擺在「母親」的偉大，那最為重要的就是「母親→女兒」的系統，因為即使母親在生下女兒之後死亡，只要這個女兒能成為母親再生下女兒，家族就能一直延續下去。或者應該說，「母親」的存在是重點，考慮到女兒也會成為母親，所以母女之間的一體感，就成了人類能永遠延續下去的基礎。

這種情況下，不太會去意識到男性的存在，而母女形成一個整體，也就因此不太會去意識到她們是個別不同的女性。

為了打破這樣的一體感、意識到女兒與母親是不同的存在，就需要男性出手破壞兩者之間緊密的結合。這就是荻蜜特與波瑟芬妮神話的基本架構。

換句話說，強大的男性黑帝斯入侵這個世界就變得有其必要，男性「分離」事物的能力在這時發揮作用。

而這種神話層級的事情，是如何展現在實際生活當中的呢？

這件事發生在很久以前。某天一位女學生來輔導室諮商，她說自己因為「地震恐懼症」而無法外出。而且就快要期末考了，如果她沒辦法去考試，就得留級，因此今天是抱著豁出去的心情過來的。

我仔細聽了她的話之後得知，這位女學生的家境優渥，依照那時的觀念來說，她只要乖乖在父母的保護下成長，就能和理想的夫家談論婚嫁、進入可喜可賀的婚姻，但是她想要展開新生活，因此說服父母讓她上大學。女性進入四年制的大學就讀，當時在鄉下是相當罕見的事情。

我聽了她的描述，立刻聯想到波瑟芬妮的故事。她口中的「地震恐懼症」，指的是她會覺得房間突然開始搖晃，她以為是地震，但回過神來時，卻沒有任何東西在搖晃。這樣的狀態一天反覆好幾次，讓她嚇得無法出門。

這是否意味著強大的黑帝斯逐漸出現在她的內心世界呢？我心裡雖然這麼想，但當然什麼也沒有說出口，只是靜靜地聽她述說。

之後她持續前來諮商，以為有地震的狀況就在我聽她傾訴的過程中穩定下來，「地震不再發生了」，但她發現了其他可怕的事物——男學生。她說，原本只覺得男學生就是同學，沒有意識到有什麼不對勁，但現在只要一想到對方是「異性」，光是坐在旁邊，就會害怕到不行。

她來了幾次之後，終於可以若無其事地回大學上課，而上學也變成一件開心的事情。因為她「交了一位新的好朋友」，說完之後她又補充一句：「不過他是男學生。」

我驚訝地問她：「妳交男朋友了嗎？」她反駁道：「不是！才沒有！是普通朋友，只不過他剛好是男的而已。」男性果然在她試圖走出母女一體的世界，以一名女性的身分活下去時出現，而我感受到，她在剛開始產生這個預感的時候，懷著極大的恐懼。

母女一體的感受是相當強烈的，即使女兒結婚，這種強大的心理結合也難以被輕易打破，有些女兒也總是想要回到母女結合的世界，因此帶給周圍困擾。

或者也有一些家庭中的男性因為被母女聯軍包圍而失去份量，或者在心理上遭到排除。

3 女神受難

前面介紹了希臘神話〈四顆石榴籽〉，而身為日本人應該要知道，日本也有幾乎可說是相同的神話。

這是一則名為〈天岩戶〉的神話，講述的是日本神話中偉大的女神——天照大神受難的故事。我想應該有不少人聽過，但在此還是做個簡單的介紹。

天照大神與弟弟素盞嗚尊都從父親伊邪那岐的身上誕生。父親命天照大神統治高天原，素盞嗚尊則治理海原。但素盞嗚尊違抗父親的命令，因此遭到放逐。

素盞嗚尊想在離開之前與姐姐道別，於是便前往天照大神所在的高天原。天照大神以為弟弟要來搶走自己的國度，於是全副武裝等待素盞嗚尊的到來。

素盞嗚尊辯稱自己只是來道別的，但天照大神不相信，於是便對弟弟說：「這樣的話，我們就來測試看看誰的內心才是清白的吧！」天照大神取來素盞嗚尊的刀咬碎生下孩子，素盞嗚尊則取天照大神的勾玉[3]咬碎生下孩子。

關於結果，有各種不同的版本，根據《古事記》的描述，素盞嗚尊生下女兒，證明了自己的清白。

開心過了頭的素盞嗚尊開始在高天原搗亂，趁著天照大神織布的時候，將馬從尾巴剝下皮後丟到織布小屋裡，害得織布的天女遭梭子刺進性器而死。

天照大神忍無可忍，便將自己關進天岩戶裡。於是世界變得一片黑暗，眾神相當煩惱。眾神想了各種方法，希望誘使天照大神再度回到這個世界上。

雖然略過當時的詳細情形，但不得不提天鈿女命裸身跳舞，引得眾神大笑，對此感到狐疑的天照大神，好奇究竟發生了什麼有趣的事，終於從天岩戶出來的情節。

日本神話中，並沒有提到素盞嗚尊對天照大神施暴。或許也有人覺得疑惑，故事中登場的只有天照大神，沒有「母女」不是嗎？

但在《日本書紀》的版本中，素盞嗚尊把馬丟進織布小屋時，遭刺死的是一位名叫稚日女尊的女神。

天照大神又稱為大日女尊，由此可以推測，稚日女尊可能是她的女兒。

還有一點值得注意的是，伊爾姆貝逗狄蜜特發笑的行為中，也有露出性器官給她看的情節。

露出性器官逗人發笑的主題，就和天岩戶故事中的天鈿女命一樣。這裡的「笑」，為世界帶來光明，使冬天變成春天，黑暗的世界「敞開」成為明亮的世界。

打破母女之間的結合，確認女兒是從母親分離的個體，展現的是一種「死與重生」的模式，代表舊的母親死去，新的母親誕生。

若以自然現象來描述這種「死與重生」，可以看成在晚上原本以為「死去」的太陽，到了早上又再度「重生」，或是在冬天時以為「死去」的植物，到了春天又再度「復活」。

這些「死與重生」的形象，可以推測說，就是透過天照大神的天岩戶神話，或是荻蜜特與波瑟芬妮的神話表達出來。

4 察覺「父親的女兒」

即使女兒從母親分離，進而獨立，因為女兒終究還是會成為母親，所以說起來只不過是一再重複同樣的過程。因此，到目前為止介紹的「神話的智慧」，還不足以讓人類成長為更有個性的個人。

或許以男性神為主角的神話，更適合用來思考這點。西洋到了近代時期，開始重視獨立自我的建立，如果用神話的層級來說，就是展現男性英雄神的姿態（關於這點，之後會再詳述）。因此在歐美，只要女性努力建立自我，也能活出如男性般的英雄神話。

現代的美國女性確實不輸男性，她們在各種職業中的表現都與男性相同，甚至更加活躍。但是在工作上獲得成功的女性們，開始有了反省。

關於這點，在第三章也稍微提過，榮格派女性精神分析師西爾薇亞．珀瑞拉在她的著作中寫到，美國女性即使取得社會上的「成功」，依然會帶著深刻的煩惱來找分析師，她也透過與這些女性的對話思考自己的生活方式，並且獲得新的見解。

她利用「父親的女兒」這個詞彙，說明現代美國女性的心理課題[4]。用她的話來說，現代美國社會中成功的女性多半是「父親的女兒」。

換句話說，就是一般所謂的「父性原理」，事物非黑即白、善惡分明，一味地追求正面的事物，排斥負面，試圖活得更獨立、積極，而現代女性也努力想要達到這種生活方式。

但歐美長期以來都認為，雖然男性可以實現這種基於父性原理的生活方式，女性卻無法做到。而對此，在現代則透過女性主義運動等等，主張女性也和男性一樣可以過著「父性原理」的生活，事實上也有許多女性「成功」了。

這些女性在對抗對此不理解的男性時、或是在父性原理占優勢的社會中爭取成功時，不覺得有什麼問題。只是她們一旦達成目標，卻覺得無法就此滿足。

有些人開始察覺這不是自己本來的樣子，也有一些人被深沉的不安與寂寞籠罩。換言之，她們開始發現，這不是原本的自己，她們扮演的是「父親的女兒」，遵循父親的意志活著。

這裡所說的「父親」，與其說是個人的父親，不如看做是主宰西歐社會，尤其是美國整體社會的「父性原理」的象徵。那麼，女性該如何停止扮演「父親的女兒」，以原本的女性、「身為獨立個體的女性」活下去呢？

5 古代東方的智慧

榮格派女性分析師在思考「身為獨立個體的女性」時，注意到的是比希臘神話更古老的古代東方智慧。

如果要詳細說明，篇幅會變得很長，在此就刪去細節的部分，只介紹前述分析師西爾薇亞・珀瑞拉注意到的蘇美神話〈伊南娜下冥界〉。這也是大女神受難的故事。

大女神伊南娜（Inanna）下冥界的理由並不清楚。但她在下冥界之前，吩咐侍女寧可波（Nincurba），如果自己過了三天還沒回來，就去請求眾神幫助。

伊南娜得到姊姊冥界女王伊瑞綺嘉拉（Ereckigala）的許可後下到冥界，卻在冥界被剝光身上所有的穿戴，全身赤裸，最後變成屍體掛在木釘上，蒙受極大的苦難。

三天後，侍女寧可波向眾神請求幫助，但眾神卻意興闌珊。最後她求助父神恩基（Enki）。恩基於是將指甲垢化為生物，順利將伊南娜從冥界救出，帶回這個世界。但是伊南娜卻被要求必須交出自己的替身。

冥界惡靈要求伊南娜交出她的兒子或侍女寧可波來代替她。伊南娜拒絕了。後來伊南娜發現，自己的丈夫杜姆茲（Dumuzi）在她受難的這段期間，依然若無其事地享受生活，便將杜姆茲當成替身交出去。

杜姆茲四處竄逃，最後跑去向姊姊葛絲堤安娜（Gestinanna）求助。最後伊南娜要求杜姆茲與葛絲堤安娜各自留在冥界半年，事情終於圓滿解決。

雖然這裡的介紹有點過於簡化，但這也是則大女神受難的故事。這個故事與荻蜜特神話的差別在於，伊南娜下冥界的原因不明。

珀瑞拉主張，在荻蜜特的神話中，入侵者黑帝斯、居中調解的主神宙斯都是男性，所以這雖然是母女之間的故事，但卻是以「男人之眼」為觀點。

至於伊南娜的故事，就是以「女人之眼」為觀點的女性故事。荻蜜特是豐饒女神，但伊南娜較為複雜。

珀瑞拉認為，伊南娜具有「豐饒、秩序、戰爭、愛、天界、療癒、情緒化，以及歌唱女神的力量」，如果以最直截了當的方式形容她充滿矛盾元素的形象，或許就是「童貞的娼婦」吧？或者也讓人聯想到「聖潔的娼婦」一詞。

分類明確、排除矛盾是「父性原理」的特徵。如果父性意識是將各種事物明確分割，透過「支配」或「操作」正面的事物以獲得「進步」，母性意識就是包容所有的一切。換句話說，就是一視同仁地接受所有的事物。

珀瑞拉表示：「伊南娜的包容性是主動的。」對這樣的伊南娜而言，首要之務就是受難。故事總而言之就是從受苦開始，而不是其他被迫面對的狀況開始。珀瑞拉比較伊南娜受難與基督受難的邏輯，指出「伊南娜的自我犧牲並非因為人類的罪，而是因為大地追求生命與重生」，因此伊南娜關係到的「不是善惡，而是生命」。

伊南娜歷經這樣的苦難後，再度回到天界，杜姆茲與葛絲堤安娜則輪流待在地上與地下的世界，換言之，這是男性與女性的「循環」。這與「父性原理」偏好的「進步」，給人的印象不同。

無論如何，現代美國對這類女性受難故事的重新評價，值得矚目。

6 弒父的心路歷程

前面已經討論了母性的問題，過去提到母性時，描述的都是正面的特質。但如果考量到女性的獨立，就會意識到沉溺於母性當中的負面影響。如果後者增強，甚至會演變成顧不上孩子的情況。

近來，虐待兒童成為大肆討論的社會問題。其實美國從很久以前就將這點視為問題了，而日本終於也步上美國的後塵。

有些人感嘆，父母疼愛孩子是天經地義，怎麼會發生這樣的事情呢？話雖如此，但在看了眾神的故事後，就會為故事中親子間的激烈糾葛感到驚訝。

世界各地的故事當中，都會有拋棄孩子的情節。而這樣的情節，有的會發展出被拋棄的孩子最後弒親的故事。大家熟知的〈伊底帕斯〉的故事就是其典型。故事內容，我想大家都知道了，但在此還是簡單做個介紹。

伊底帕斯雖然是人類的故事，但因為出現在希臘神話中，所以就當成神話故事介紹。雖然故事有各種不同的版本，但內容大致如下。

底比斯王拉伊奧斯（Laius）接到神諭，得知自己會被生下來的兒子殺死，但他依然與妻子約卡斯塔（Jocasta）溫存並生下兒子。生下兒子後，他以釘子刺穿孩子的腳後跟，並將他拋棄。但這個孩子被牧羊人撿去，交給鄰國柯林斯的國王撫養。國王因為這個孩子的腳（pod）腫起來（oidein），便將他取名為伊底帕斯（Oedipus）。

伊底帕斯成人之後，從德爾菲的阿波羅神之處接到神諭，得知自己將會弒父娶母，深信柯林斯王就是自己父親的他，為了逃離這樣的命運，便不回柯林斯，轉而朝底比斯前去。

這是一則人類努力想逃離神諭預言的命運，卻反而幫助神諭實現的典型故事。伊底帕斯與在山路上遇見的老人因為小事發生衝突，最後將老人殺死。而這位老人其實就是底比斯王，也就是他的父親拉伊奧斯。

這時底比斯正因為怪物斯芬克斯（Sphinx）[5]而煩惱。斯芬克斯設下謎題——「什麼生物有一種聲音，並且從四隻腳變成兩隻腳、三隻腳？」如果答不出來，就會被牠吃掉。伊底帕斯回答：「人類。」解開了謎題，除掉斯芬克斯，並因此成為底比斯王，在不知情中娶了母親約卡斯塔為妻。

後來伊底帕斯的身世揭曉，約卡斯塔自殺，他也刺瞎了自己的雙眼。

這個故事因古希臘劇作家蘇弗克里茲（Sophocles）的悲劇《伊底帕斯王》（*Oedipus Rex*）而聞名，佛洛伊德看了之後，從故事中得到靈感，提出「伊底帕斯情結」的主張，使故事變得更廣為人知。

佛洛伊德認為，男性在兒時都有著想要與母親結婚的願望，並對父親懷著敵意，害怕遭父親處罰。雖然男性能夠在心理層面解除這樣的糾葛，但上述情感都會以「情結」的形式留在無意識當中，影響成年之後的行動。

對佛洛伊德而言，伊底帕斯情結是人類普遍都會有的情結。

但他剛發表這個看法的時候震驚了許多人，大家都對此心懷抗拒，而引起一番騷動。後來隨著時間經過，這個看法逐漸獲得普遍接受。

無論如何，伊底帕斯情結的特徵就是存在於人類內心的無意識中，平常雖然不會察覺，但可能因為某個契機而意識到這點。因此有些人即使一開始覺得怎麼可能有這麼愚蠢的事情，後來也能透過自身的經驗而恍然大悟。

舉例來說，有些人能力不錯，平常也具有正確的判斷力，然而一旦牽扯到上司，就會突然變得具有攻擊性，做出不必要的反抗，最後甚至丟掉工作。

觀察這樣的人，就會覺得驅使他們行動的，或許是伊底帕斯情結。

父子敵對非同小可，若把這種對立的框架套用在意外之處，甚至會影響人類的生活型態。

佛洛伊德自身也經歷過與父親之間的糾葛，因此即便是從他自己的人生來思考，想必也有許多與伊底帕斯情結相符的經驗吧！

7 母親與兒子之間

許多人都認同佛洛伊德提出的伊底帕斯情結，尤其學習精神分析的人更是將其當成金科玉律。但也有人對伊底帕斯情結提出重要的疑問。這個人名叫古澤平作[6]，是一名曾直接接受佛洛伊德分析的日本人。

他懷疑的並不是伊底帕斯情結本身，而是對於人類根本性的部分只有伊底帕斯情結這點產生疑問，並且主張除此之外，應該還有另一項重要的心理。

他的觀點很符合日本人的邏輯，認為除了父子關係之外，母子關係也同樣重要。他除了闡述自己的見解之外，也仿效佛洛伊德以希臘神話做為立論根據的方式，依著佛教的故事展開論述。而「神話」在這當中也扮演了重要的角色。

古澤引用了佛教經典中〈阿闍世〉的故事。接下來就節錄他介紹的內容。

王舍城頻婆娑羅王的王妃韋提希，既沒有生下孩子，也逐漸年老色衰，她害怕自己將失去王的寵愛，於是找預言者商量。預言者告訴她，後山的仙人將在三年後死去，轉世成為王妃的孩子，而且會是個出色的王子。

王妃等不及三年，就將仙人殺了。仙人將死之際，預言自己轉世成為韋提希的孩子之後，必定會殺死父親。後來出生的孩子就是阿闍世。

長大成人的阿闍世在得知自己前世的經歷後，相當苦惱，但他依然將父親幽禁起來，打算如預言一般弒父。但王妃在瓔珞[7]中裝滿了蜜，偷偷給頻婆娑羅王送去，讓王得以保住一命。阿闍世發現了母親的行為後也企圖弒母，但遭大臣阻止。他罹患了名為「流注」[8]的病，因此更加苦惱，不過釋迦在最後拯救了他。

古澤想要透過這個故事表達的是，佛洛伊德透過父子關係闡述的罪惡感，源自於兒子犯下了弒父的嚴重罪行，但在〈阿闍世〉的故事中，母親與兒子之間也存在著糾葛，兒子的罪惡感反而是因自己犯下的罪行獲得原諒而產生。

阿闍世不但沒有受到懲罰，反而釋迦拯救了他。

古澤平作在一九三一年依此寫出了〈兩種罪惡意識〉這篇論文，主張除了伊底帕斯情結之外，阿闍世情結對於理解人性而言也相當重要，並且把這篇論文寄給佛洛伊德。可惜的是，古澤的論點並未受到佛洛伊德與其他精神分析師的重視。

不過到了一九七〇年代，阿闍世情結成為討論日本文化特徵的重要概念而被重新提出。此外精神分析學中，也產生了在父子關係之外，也必須考慮母子關係的想法，因此阿闍世情結在日本文化之外的領域也開始受到矚目。

耐人尋味的是，這時也發現古澤平作與其學生小此木啓吾[9]在闡述阿闍世情結時所介紹的〈阿闍世〉的故事，與原本出處佛典《涅槃經》所描述的內容不同。

《涅槃經》雖然敘述了阿闍世弒父的部分，卻沒有提到他也打算弒母。

根據《涅槃經》的描述，阿闍世殺了父親之後，煩惱這樣的罪行將使自己墮入地獄，這時釋迦出現了。釋迦告訴他「看透三世的佛陀，亦知曉大王（阿闍世）將因王位而弒父」，佛陀知道會有這樣的事情發生卻不阻止，所以不能完全把罪推到阿闍世身上。釋迦說「若大王墮入地獄，諸佛亦不能倖免」，並且拯救了阿闍世。

故事中釋迦的態度，讓人聯想到與父親威嚴相對的母愛。猶太教與基督信仰由父性原理占優勢，相較之下，佛教則更重視母性原理，如果把古澤與小此木將〈阿闍世〉改編成更重視母親的故事，解釋成是基於想要強調母性原理的心理所做出的行為，就能夠理解了。

討論原版的〈阿闍世〉故事在古澤平作與小此木啓吾的心中產生了什麼樣的變化，也相當耐人尋味，但姑且還是先割愛。總而言之，弒母的主題在此浮現，也值得關注。

父母試圖拋棄孩子、孩子想要殺父、弒母的故事荒唐至極，但如果稍微退一步來看這些故事的象徵意義，又將如何解釋呢？

或許可以說，人在獨立的過程中，必須象徵性地殺父弒母，而父母也必須象徵性地「拋棄」孩子。

至於沒有能力完成這些象徵行為的親子，說不定就真的會拋棄孩子，或是殺害父母。

8 被拋棄的孩子成為偉大的英雄

前面提到父母必須象徵性地「拋棄」孩子，而在眾神的世界裡，棄嬰才能出色地成長。《舊約聖經．出埃及記》中摩西的故事就是這種典型。根據當中的記載，厭惡以色列人的埃及國王下令：「將希伯來人生下的男孩全部丟進尼羅河裡，生下的女孩則全部留下。」

然而「有一個利未家的人娶了利未女子為妻。那女人懷孕，生下了男孩。她見男孩俊美，就藏了他三個月。後來不能再藏了，就取了紙莎草編成的籃子，在裡面塗了柏油與樹脂，將孩子放在籃子裡，擱在尼羅河畔的蘆葦中。」

故事中生下的孩子雖然藏了三個月，但最後還是被丟在河邊。不過父母拋棄孩子並非出於自願，而是基於國王的命令。況且父母甚至還違背國王，只把孩子丟在河邊，沒有將他殺死，這點與伊底帕斯的故事不同。

男嬰的姊姊擔心他被河水沖走，於是站在遠遠的地方看著。後來法老的女兒發現了籃子裡的嬰兒，姊姊立刻現身，告訴她自己可以去找一名奶媽來餵孩子喝奶。

姊姊後來帶了男嬰的母親過來，這個嬰兒最後還是由母親哺餵。孩子長大之後成為摩西。

至於摩西日後的豐功偉業，我想在此無須贅述。

再來說說另一個被拋棄的孩子。他是希臘神話裡的英雄珀爾修斯。

希臘神話中達妮的父親——亞哥斯國王阿克里西斯（Acrisius）透過神諭得知，自己將被女兒生下的孩子殺死。伊底帕斯的父親得到自己將被兒子殺死的神諭，達妮的父親得到的則是自己會被女兒的孩子，也就是孫子殺死的神諭。

阿克里西斯於是將女兒關進一間房裡，不讓她與任何人見面。但是希臘主神宙斯卻化身為黃金雨潛入，使達妮懷孕，生下孩子。

阿克里西斯知道這件事情之後大發雷霆，將達妮與孩子裝進箱子裡丟到海中。這裡的模式也和普通的「拋棄孩子」略有不同，母子倆一起被拋棄。

這對被拋棄的母子得到一名漁夫的幫助，被帶到該國的國王那裡。孩子珀爾修斯擊敗蛇髮女妖的英雄故事就此展開，在此先略過不提。

摩西與珀爾修斯都是完成豐功偉業的英雄，而兩人都是「被拋棄的孩子」。這代表什麼意義呢？

而且不可思議的是，他們雖然都「被拋棄」，但在成人之前依然維持與母親之間的關係，甚至有著很深的牽絆。拋棄他們的不是母親，而是「國王」，換言之，是掌握權力的人。

這可以解釋成，被拋棄的孩子無法與當時掌握權力的人並存，所以才能成為英雄，帶來與舊秩序不同的事物。

他們的「被拋棄」，指的是在文化或社會層面，至於與母親之間的個人關係，則可以延續下去。換句話說，只有被當時握有權力的人拋棄的孩子，才有可能成為英雄。

這裡試著再稍微深入思考個人的情況。摩西與珀爾修斯的母親，都保護孩子免於受到外部的權力者壓迫，像這樣的構圖很容易理解。但是在現代的一般家庭，尤其是日本家庭中，壓迫孩子的「權威者」卻似乎是母親。

母親總是命令孩子「去念書」、「動作快一點」，於是孩子既想反抗母親，又得受母親保護。如何在這樣的矛盾中生活下去，就成為現代家庭的課題。

在很多例子當中，無論是母親還是孩子，都因為沒有充分認知到這點而造成混亂，在母子之間產生無謂的誤解與反彈。

如果父親能有更多的參與，孩子就能在父母齊心協力之下，與矛盾巧妙地共存，但日本的父親在養兒育女方面，幾乎沒有發揮什麼作用，反而使混亂更加嚴重。

最近似乎也有愈來愈多的父親參與育兒，但多半都只擔任母親的助手，似乎無法從本質解決問題。育兒，在現代真是一項不容易的事業。

9 等待「日之子」歸來

再把討論拉回文化層面。如同摩西與珀爾修斯的例子所示，被拋棄於原本的文化與社會之外的孩子，在歸來時將成為英雄，而這樣的孩子在日本又會是什麼情況呢？

日本神話中也有被拋棄的神——蛭子神。

根據《古事記》記載，最早的夫妻神——伊邪那岐與伊邪那美繞著柱子舉行結婚儀式，兩人相遇時，由女神伊邪那美先發話，接著伊邪那岐才發話。結果生下了蛭子神，但兩人將蛭子神放進蘆葦船上隨水漂走（這裡並沒有記載拋棄蛭子神的理由）。

接著兩人向天神請教為什麼會生下這樣的孩子，天神告訴他們，因為由女子先發話，所以不好。於是兩人重新舉行結婚儀式，這次由男神先出聲，後來便生下了日本諸國土。

這個被拋棄的蛭子神，是一位什麼樣的神呢？

《日本書紀》的文本與《古事記》不同，在《日本書紀》中，伊邪那岐與伊邪那美先生下日本國土，接著再生下「天下之主」天照大神與月讀尊，而後才是蛭子神。但蛭子神到了三歲還無法以雙腳站立，於是被放在天磐櫲樟船隨水流走，之後才生下素盞嗚尊。

換句話說，蛭子神原本應該是「天下之主」中的一人。事實上，天照大神、月讀尊、素盞嗚尊在《古事記》中也頗受重視，被稱為「三貴子」。

關於蛭子神的解釋有各種不同的說法，我從天照大神又被稱為「大日女尊」（オオヒルメ）這點推測，蛭子神（ヒルコ）或許應該稱為「日之子」，是與「日之女」（ヒルメ）相對的「男性太陽神」。

若要對此展開論述，必須對日本神話展開整體性的考察，這個部分就讓給拙作《神話與日本人的心》[10]，在此只將關於日之子的部分摘錄如下。

> 天照大神、月讀尊與素盞嗚尊這三尊神的關係，展現了日本神話的基本結構。
>
> 日本神話中可以看到天照大神與素盞嗚尊之間的對立、糾葛以及妥協，但夾在中間的月讀尊卻無所作為。換句話說，日本神話的眾神就圍繞著中心的無為之神保持平衡，取得整體的調和。
>
> 本書的篇幅不足以討論其他眾神，但如果詳細探討日本神話，就能發現當中具有極為巧妙的平衡關係，使整體呈現均衡的狀態，但卻沒統馭全體的中心原理或力量。我稱這種結構為日本神話的「中空均衡結構」。
>
> 至於一神教的世界，則由唯一真神掌握的原理或力量統合全體。兩者互相比較，應該更能瞭解日本神話結構的特徵。

全球化氣氛高漲的今日，大家經常將歐美人的邏輯及組織型態與日本人的進行比較檢討，如果也能同時將日本的「中空均衡結構」與歐美的「中心統合結構」考慮進去，或許很多事情都能不言而喻。

再回到日之子。把太陽當成女神的文化，在全世界相當少見，這當中也展現出日本人的均衡感。相較之下，男性太陽神就明確且強勢，強烈具有位居中心，展現力量的傾向。

如果把日之子當成男性太陽神，就必須將他視為日本均衡結構的破壞者而排除在外吧？直截了當地說，日之子具有一神教的傾向。

那麼，如果日之子「歸來」會發生什麼事呢？我認為日本也差不多該思考日之子的歸來了。

然而如果看到歐美社會遇見的各種停滯狀況，就會發現日之子歸來，放逐日本古老眾神，建立自己的一神教體制，也不是我們樂見的狀況。

日之子就是因為與中空均衡結構不相容才會被拋棄，所以即使能夠歸來，或許也沒有容身之處吧？

但我認為，意識到這樣的矛盾是「矛盾」，並對此展開挑戰，不就是本世紀的課題嗎？因為能夠透過毫無矛盾的單一模式展開思考的時代已經結束了。

註釋

1 編註：アルス社的「日本兒童文庫」，為昭和二─五年（1927-1930年）所出版，以兒童為對象的百科事典的文庫本，全系列有十五冊。

2 編註：『世界神話伝説集』，「日本兒童文庫」九，松村武雄著，初山滋繪，昭和四年。

3 譯註：古代裝飾用的月牙形的玉。

4 註：*Descent to the goddess: a way of initiation for woman*, Sylvia Brinton Perera. 日文版『神話にみる女性のイニシエーション』，杉岡津岐子等人譯，創元社。

5 編註：為古埃及神話中長有翅膀的怪物，傳説中有三種類型：人面獅身（Androsphinx）、羊頭獅身（Criosphinx）、鷹頭獅身（Hieracosphinx）。

6 編註：古沢平作，日本精神科醫師、精神分析學者，為日本精神分析的先驅。

7 譯註：鑲在佛像額頭上的寶石、貴重金屬。

8 編註：為中醫病名，是一種發生在肌肉深部，具轉移性、多發性的膿腫。

9 譯註：小此木啓吾，日本精神科醫師、精神分析師。

10 註：『神話と日本人の心』，岩波現代文庫。中文版二〇一九年將由心靈工坊出版。

｜第五章｜

靈活的智慧

1 騙與被騙

在世界各地的神話中都非常活躍的角色，就是搗蛋鬼（Trickster）。雖然「Trickster」這個字只能翻譯成搗蛋鬼或詐騙犯，但他們的行為不單單只是「搗蛋」。他們有時候是不折不扣的反派，但有時也會帶來意想不到的成功，使他們被視為英雄。

匈牙利神話學家卡爾．凱倫伊（Károly Kerényi）與深層心理學家榮格寫了一本名為《搗蛋鬼》（*The Trickster*）[1]的書，書的另一位作者，美國文化人類學家保羅．瑞丹（Paul Radin）說，搗蛋鬼是「在文明根本的起源中，擁有特別且永遠的訴求力，以及對人類而言具有少見魅力的人物」，並且描述「搗蛋鬼既是創造者也是破壞者，既是贈與者也是反對者，是一個欺騙別人，而自己也被欺騙的人物」。

總而言之，搗蛋鬼絕對不是可以用一般方法理解的存在。而搗蛋鬼的神話，在非洲與北美的原住民之間，占有相當重要的地位。瑞丹在書中介紹的，就是其典型。

美洲原住民溫尼巴哥族（Winnebago）的酋長（這個人就是搗蛋鬼）準備出征。他首先舉辦宴會，叫人取來四頭鹿做成料理飽餐一頓，接著中途離席回到自己的帳篷。他心想客人應該看不到，就在帳篷裡和女人上床……，對溫尼巴哥族來說，這是一連串荒唐至極的事情。

首先，溫尼巴哥族的酋長無論如何都不能出征。再者，無論是主人在客人還沒走的時候中途離席，還是在出征之前發生男女關係，這些全部都是禁忌。換句話說，酋長原本就沒有打算上戰場，他只是想要欺騙大家，找理由享用鹿肉而已。

酋長在外出旅行時捕到野牛，並用右手料理，但左手卻主張野牛是自己的，抓住野牛想要搶回來。換句話說，他的左手與右手分別具有不同的人格，彼此相互競爭。

搗蛋鬼的部分身體有時候表現地就像擁有獨立人格一樣，尤其臀部與陰莖的獨立性更是明顯。

搗蛋鬼利用自己擅長的騙術抓到許多鴨子。他將鴨子埋進火裡，等鴨子烤熟，並趁這段時間小睡片刻。他睡覺時，就吩咐自己的臀部看守鴨子。

幾隻小狐狸在他睡覺的時候，被烤鴨的香味吸引過來，但卻被「噗」的聲音以及排出來的氣體嚇得落荒而逃過了一會兒，小狐狸再度靠近，卻又被氣體嚇跑。但是反覆了幾次之後，小狐狸發現氣體並不可怕，終於成功吃掉烤鴨。

臀部拚命發出聲音卻完全沒有效果，被聲音吵醒的搗蛋鬼發現肉全都被偷吃了。他對臀部看守不力感到相當氣憤，覺得應該給臀部一點懲罰，於是取來燃燒的柴火灼燒肛門。

當然，被火灼傷而痛得大叫也是他自己。他說：「痛死我了！大家就是因為這樣才叫我搗蛋鬼嗎？」

各位說不定會覺得怎麼有這麼愚蠢的事情，心想臀部怎麼可能擁有獨立的人格。但在現代的日本，某些大人物也會說「上半身和下半身是分開的」。至於攻擊別人反而傷到自己的人，想必更是不計其數。有趣的是，搗蛋鬼在感覺到痛的時候，才有臀部屬於自己的自覺。重要的自覺或自我認知，通常都會伴隨著痛苦而來。

搗蛋鬼酋長的故事還沒結束，他接下來變身成為女人。

搗蛋鬼的樣貌也經常能夠變換自如。他真的成了女人，所以這次的變身非常不得了。他取來大鹿的肝臟當成陰部、腎臟做成乳房，接著換上女裝變成女性，和某個村子的酋長之子結婚。兩人甚至還生下了三個孩子，實在相當驚人。

搗蛋鬼後來恢復男兒身，回到故鄉的妻子身邊。他在故鄉與水貂及土狼成了好朋友，結果卻被這些動物耍得團團轉，鬧了不少笑話。後來他成功報復了水貂及土狼，變得愈來愈像個人。

這部分的詳情在此省略，總而言之，他自由奔放的生活方式與失敗出糗的樣子，讓人看得樂不可支。

這裡雖然只是簡單介紹了溫尼巴哥族的搗蛋鬼神話，但我想大家應該都能充分感受到搗蛋鬼（Trickster）的破壞性、反道德性，以及伴隨而來的意外性與引發的笑點，還有當中強烈的生命力。

2　展現不同的可能性

話說回來，把這個荒誕至極的故事，當成神話長篇大論介紹一番，有什麼意義嗎？而且動不動就想馬上得到「道德啟示」的人，說不定反而讀得一肚子火。

但如果把這個故事說給孩子們聽，他們聽到搗蛋鬼放屁趕跑小狐狸的地方，應該會笑到打滾吧？話雖如此，從搗蛋鬼變成女人時的描述來看，這明顯不是為孩子們寫的故事。

搗蛋鬼的故事不只出現在神話裡，也出現在世界各地的民間故事當中。譬如在日本民間故事中大顯身手的吉四六與彥市等角色，就是日本代表性的搗蛋鬼，日本全國各地都流傳著類似的故事。在此我們就透過其中一個故事來思考搗蛋鬼的意義。

故事是這樣的。很久很久以前，有一個名叫大作的人（高知縣民間故事中的搗蛋鬼），到處跟人說他在山上聽到佛法僧鳥的叫聲。藩主大人也想聽聽看，於是修建一條通往山裡的大道。大人順著這條路前往山裡，結果只聽到「咕咕咕咕」的聲音，沒有佛法僧鳥的叫聲。

大人把大作找來，但是大作若無其事地說，佛法僧鳥的叫聲不就是咕咕咕咕嗎？大人雖然把他罵了個狗血淋頭：「你這個蠢貨，那是山鳩。」但也就這樣放過他了。不過村民很開心，因為大作讓村裡有了一條又寬又直的大道。

前面引述過保羅・瑞丹的話「搗蛋鬼既是創造者也是破壞者」，在這個故事中，大作成功騙過藩主大人，修建了一條又寬又直的大道通往村子。因此大作屬於「創造者」。

但大作的行為其實相當危險，藩主大人在他說出「佛法僧鳥的叫聲就是咕咕咕咕」的時候，只覺得這個人蠢到無藥可救，但如果大人震怒，將大作斬首，毀掉道路，那麼故事就會在單純的破壞中結束。刻意鋌而走險也是搗蛋鬼的特徵。

我這裡雖然使用「刻意鋌而走險」來形容，但有些搗蛋鬼自己打從一開始就相信佛法僧鳥的叫聲就是咕咕咕咕。這些搗蛋鬼的行為既非「刻意」也沒有「計畫性」，他們只不過是自以為聰明的愚者，後來透過結果仔細一想，才發現他們的行為帶來極大的貢獻。

再者，如果藩主大人在聽了大作的話之後沒有先修路，而是命令隨從去調查發出叫聲的是否真的為佛法僧鳥，故事就會在大人發現大作愚蠢的誤會與對他的懲罰中結束。大作在這個情況下，就只是個低級的搗蛋鬼，既沒有帶來破壞，也沒有產生什麼創造。

這個民間故事完全沒有闡述大作的想法，但很有可能是大作為了得到一條從中央通往自己村子的道路，而絞盡腦汁設下的陷阱吧？

這時候大作就成了村子裡的英雄。換句話說，搗蛋鬼的身分千變萬化，可能只是單純的頑皮鬼，也可能是愚者，甚至還有可能成為英雄。

這裡再稍微多探討一下日本民間故事中的搗蛋鬼吧。接下來是大家熟悉的吉四六的故事。吉四六與村民們一起上山砍柴。但在村民們努力砍伐錐栗樹的時候，吉四六卻不工作，而是在一旁抽菸偷懶。

正當大家準備打道回府的時候，吉四六說「錐『栗』樹是不吉『利』的樹，會帶來厄運」。村民們聽了他的話，就丟下木材回去了。後來吉四六把這些木材全部收集起來撿回家，村民們看到之後問他「你不是說錐栗樹不吉利嗎？」吉四六坦然回答「這些錐『栗』樹是吉『利』的樹，會帶來好運的」。

這個故事充分展現出搗蛋鬼的自在性與歧義性。

村民們的想法單一，吉四六告訴他們錐栗樹是不吉利的樹，他們就被這句話綁住，不去思考其他可能。但錐栗樹同時具有「吉利」與「不吉利」的兩面性，瞭解這點的吉四六，成功將村民們耍得團團轉。

搗蛋鬼就像前面「不吉利」的故事一樣，能夠在人們深信某件事的時候，提出不同的可能性。有時候他們單純只是破壞舊有秩序的破壞者，而這樣的破壞也未帶來創造。

前面介紹的溫尼巴哥族的故事中，搗蛋鬼明明是男人，但也能成為女人，顯示男女的區別也非絕對。想必這個部族的男女有著絕對的區別，男人是這樣、女人是那樣，或者男人應該如此、女人應該如何云云，在部族的秩序中是重要的支柱吧？

但是搗蛋鬼卻對這樣的區別視若無物，這是相當嚴重的秩序破壞。只不過在溫尼巴哥族的故事中，似乎並未從中產生新的創造。

3 素盞嗚尊的另一面

前述是從日本民間故事中舉出搗蛋鬼的例子，那日本神話中有沒有搗蛋鬼呢？不用擔心，不折不扣的搗蛋鬼也存在於日本神話當中。這個搗蛋鬼就是素盞嗚尊，他在日本神話中可是大肆活躍了一番。

《古事記》與《日本書紀》都記載了日本神話，接下來就以前者為主，介紹素盞嗚尊的故事。雖然他的故事在第四章也提過了，但這裡想從搗蛋鬼的角度來看看。

素盞嗚尊從父親身上出生。伊邪那岐與伊邪那美可說是日本神話中最初的父母神，他們生下日本國土與眾神，但最後伊邪那美卻在「火」出生的時候遭灼傷而死。伊邪那岐想把死去的妻子從黃泉之國帶回這個世界，最後卻失敗了，只有他自己回來。

伊邪那岐在河中洗淨黃泉之國的汙穢，他清洗左眼，生出了天照大神，接著從右眼生出月讀尊、鼻子生出素盞嗚尊。這三柱神被稱為三貴子，在日本神話中占有重要地位。

伊邪那岐命天照大神統治高天原、月讀神統治夜食國、素盞嗚尊統治海原。但素盞嗚尊卻大哭大叫，不願聽父親的話。他從這時就開始發揮搗蛋鬼的本事。

父親問他為什麼哭泣，素盞嗚尊回答他想去母親所在的國度，伊邪那岐於是氣得將他放逐。素盞嗚尊為了與姊姊道別而去到高天原，天照大神卻以為弟弟要來奪走自己的國度，於是全副武裝等待他的到來。

素盞嗚尊辯稱自己只是來道別的，天照大神卻不相信，她要求素盞嗚尊透過「誓約」（古代的一種占卜）來證明自己的「清白」。

如同前面所說，最後證明素盞嗚尊並無貳心，這使得他大喜過望。於是開心過頭的素盞嗚尊開始破壞田埂，往祭殿撒糞。天照大神不僅沒有責備他，反而還試圖以善意解釋他的行為，但素盞嗚尊卻沒有停止搗亂。

最後，素盞嗚尊趁著天照大神在織布小屋織布時，把馬剝皮後丟進織布小屋裡。織布的天女看到之後嚇了一大跳，結果遭梭子刺進陰部而死去。

天照大神看到這一幕之後，終於忍無可忍，打開天岩戶，把自己關進去。從此世界一片黑暗，眾神因此而發愁。我想結果大家都知道，最後在天鈿女命等的大顯身手之下，天照大神終於打開天岩戶現身。

這一連串的故事，充分展現出素盞嗚尊搗蛋鬼的特質。

首先，在日本神話中，天照大神就是天皇血統的起源，因此其體系可說是主流。而素盞嗚尊從下界闖入天照大神統治的高天原，所以算是一種侵入者。

但日本神話非常耐人尋味的部分是，這時並未將素盞嗚尊描寫成「純粹的侵入者」，他甚至只是來高天原道別，清清白白並無貳心。將素盞嗚尊誤解為「侵入者」的是天照大神。換句話說，素盞嗚尊在故事裡並沒有被描寫成單純的「壞人」。

素盞嗚尊在「誓約」中獲勝，照這樣下去，素盞嗚尊將成為勝者，天照大神才是敗者。但故事在這裡翻轉，素盞嗚尊開始採取破壞秩序的行動。

素盞嗚尊攻擊的稻作與機織，是高天原系統的文化核心。而織布天女遭梭子刺進陰部而死的形象，則象徵著女性天照大神君臨的世界被入侵與破壞。

天照大神從天岩戶現身之後，素盞嗚尊受到懲罰，被逐出高天原。不過他不僅沒有被殺，還去出雲國斬殺八岐大蛇，成為該國文化中的英雄。

這裡展現出搗蛋鬼素盞嗚尊的多面性。換句話說，他的形象不僅止於單純的侵入者或破壞者，甚至還接近英雄。八岐大蛇的故事非常重要，因此之後會再討論，總而言之，我們可以從上述的故事中，看見素盞嗚尊搗蛋鬼的一面。

素盞嗚尊這位搗蛋鬼的大顯身手，使天照大神體系的世界免於單一化，變得豐富而具有彈性。

日本在立國之初，也因為素盞嗚尊的破壞與創造力而建立了擁有微妙平衡的國家，不再由高天原體系占據絕對優勢。

一九六五年，筆者在瑞士的榮格研究所留學時，曾寫了有關日本神話的論文，在論文中透過將素盞嗚尊看成搗蛋鬼而加深對日本神話的整體理解，這個新「發現」讓我相當開心。不過回到日本之後，沒有人會聽我說吧。

但我回國後立刻讀到日本文化人類學家山口昌男撰寫的《非洲的神話世界》[2]，搗蛋鬼也在非洲神話中大肆活躍，而且作者還在書中暢談素盞嗚尊的搗蛋行為與非洲神話的相似性，大大加深了我的信心。書中對於素盞嗚尊神話與非洲搗蛋鬼神話的比較也相當耐人尋味，若對這個主題感興趣，本書相當值得一讀。

4 住在心底的搗蛋鬼出動

前面介紹了許多搗蛋鬼的神話，但我想應該也有不少人發現，搗蛋鬼在現代社會中也依然活躍。

孩童時期就已經能夠看到搗蛋鬼大顯身手。他們捉弄老師，當老師認真上課的時候，他們在教室裡插科打諢，掀起笑聲。換句話說，他們瓦解老師的權威，破壞教室的秩序。

如果這時候老師也覺得有趣，那還無所謂，但也有時老師會大發雷霆。若演變成後者，搗蛋鬼就會被視為壞孩子。

青春期或許也可說是搗蛋鬼的時期。

榮格原本就認為神話裡出現的搗蛋鬼形象，「反映出人類早期意識尚未發達的階段」。正如他所說，人類的意識還在形成的時候，不像現代人的意識那樣具備主體性與統合性，而是破碎的、剎那的、衝動的，所以非近代社會的文化中，有許多搗蛋鬼的神話。

即使在現代，青春期仍屬於成人意識形成之前的階段，因此由搗蛋鬼的心性發揮作用也是理所當然。

現在即使是擁有一般常識的公民，在青春期的時候也可能順手牽羊、破壞物品、撒下漫天大謊，回想起來根本不知道自己當時為什麼會做出那樣的事情。由於這些行為實在太不合理，出乎意料地也有不少人長大之後就會忘記。

有些人能讓住在自己心底的搗蛋鬼巧妙發揮，有些人則遭搗蛋鬼控制，這兩種人會帶來截然不同的結果。

前者經常被視為從事某種創造性工作的人，後者的行為則是無意識的，同時會帶來正面與負面兩種效果。

那些完全被搗蛋鬼附身的人，嚴重時「幾乎算是疾病」。要說有趣，有些時候確實有趣，但也因為過於捉摸不定而無法被信賴。他們會撒謊，但是當你以為他在撒謊的時候，他說的卻有可能是意想不到的事實。

而且這樣的人，經常會在偶然間恰巧去到某個隱蔽之處。如果在某個不為人知的地方密會，說不定就會突然被搗蛋鬼撞見。

這樣的搗蛋鬼雖然能夠「攪亂一池春水」，卻很少會帶來什麼正面效果。但某個人原本瞞過所有人的惡行，卻可能因為搗蛋鬼而公諸於世（當然搗蛋鬼本人並沒有這個意思）。

儘管我們無從得知搗蛋鬼對於自己的行為到底有多少自覺，但就結果而言，有時也能產生正面效果。譬如所有人都埋頭苦思，想破頭也想不出好的提案時，搗蛋鬼的發言卻引來意外的笑聲，讓大家豁然開朗。

或者國中導師因為班上的搗蛋鬼順手牽羊被發現，而認真地與班上同學對話，把大家團結在一起，班上的氣氛也突然好轉。

換句話說，搗蛋鬼的行為會被扼殺還是充分利用，端看周圍的人如何看待。

5 動物前輩的智慧

搗蛋鬼雖然是人類，有時甚至可以說具有「動物性」的一面。這個面向中也存在著搗蛋鬼的意義，那麼，我們應該如何看待人類與動物的關係呢？

首先，我們來思考現代人與動物之間的關係。電視上如果出現大量的牛隻或雞隻因為狂牛症（BSE，牛的海綿樣腦病變）或禽流感等疾病，而遭殘酷屠殺並扔進地底的畫面，想必許多人都會感到震撼。

但如果沒有發生那樣的事情，生活在現代的我們，並不會對把其他動物宰來吃這樣的事感到罪惡或異樣。

為了生存而殺害別的動物，或許能被接受，但即使是現代，不也還有許多人，單純只是為了享樂而狩獵嗎？對於寵物，或許有的人會主張應該珍惜以對，但這也只是人類的一廂情願，對動物來說，想必造成了不少困擾。

有些人反對人類的安樂死，但如果是家畜或寵物的安樂死，他們反而覺得理所當然。

換句話說，現代人認為人類不同於其他動物，人類是高等的，而動物是低等的，兩者涇渭分明。但神話的思維卻截然不同，接下來我們就針對這點來探討。

神話中的動物擁有高深的智慧，有時甚至超越人類的思維。人類只有透過向動物「學習」，才能獲得新知並逃離危險。展現這點的故事或神話幾乎可說俯拾即是，首先就讓我們看看大家最熟悉的日本神話。

《日本書紀》的〈一書曰〉中寫到，伊邪那岐與伊邪那美結婚時，原本不知該如何交合，後來看到鶺鴒鳥的樣子才恍然大悟。

換句話說，日本人的祖先，也就是第一對夫婦是向鶺鴒鳥學習交合的方法。如果沒有鶺鴒鳥的教導，就沒有日本民族的興旺。

其他文化的神話中也有類似的故事，因此意義不難理解。這樣的故事可以解釋成，動物早在人類之前就存在於這個世界，我們人類必須抱持著敬意看待這些前輩所擁有的智慧，而動物的智慧也與生物的生存密切相關。

至於以下《古事記》中的例子又該怎麼看呢？大國主神準備建立出雲國時，出現了一位奇妙的神。這位小小的神，身穿鵝皮衣，從海上乘船而來，沒有人知道祂的來歷，問祂名字也不回答，令眾人相當困擾。

這時谷蟆（蟾蜍）說，「崩彥」（稻草人）可能知道。而稻草人也確實清楚這位神（少名毘古那神）的來歷，讓故事得以進行下去。

故事中登場的蟾蜍把「稻草人」介紹給眾神，而這位稻草人知道其他眾神都完全摸不著頭緒的事情。蟾蜍的智慧解救了眾神。

世界各地都有這種神明或人類因為動物的智慧而得救的故事。第三章曾介紹美國原住民納瓦荷族的男女因對立而分開的神話，其實建議他們和解的就是貓頭鷹。貓頭鷹遠比人類有智慧多了。

世界各地之所以都有類似的神話，顯示人類會落入自己比其他動物更高等的陷阱。人類的思考有盲點，這方面的智慧應該向動物學習。

而且在很久很久以前，人類並沒有那麼自以為了不起，人類與動物之間的區別並不明顯，動物甚至被當成「神」受到崇敬。

6 「貓神」扮演的角色

動物也是神。日本的神社，有時候也會把「蛇」當成神靈寄宿的「御神體」崇拜。而後面也會介紹到，神話當中出現的動物，也經常是與人類平等的存在。

前面已經介紹過搗蛋鬼了，而在非洲的搗蛋鬼神話中，兔子是以主角的身分大顯身手。換句話說，這些故事將神、人、動物全都一視同仁。或者應該說，人類在與其他生物沒有區別的狀態下，才會產生堪稱「神體驗」的敬畏情感。

這是一種相當重要的情感，但許多現代人都已經遺忘了。

美國小說家保羅．葛立軻（Paul Gallico）的精彩作品《唐瑪西娜》（*Thomasina*）[3]，就出色地描寫出「動物神」與現代生活方式的盲點。筆者已經在拙作《貓魂》[4]中詳細討論過這點，不過這裡還是稍微介紹一下與本章主題有關的部分。

古埃及將貓當成神崇敬。貓神被稱為巴絲特（Bust）或巴絲塔特（Bastet），大約從第二王朝左右開始，就被視為展現歡喜與太陽豐足的溫暖的女神膜拜。埃及現在仍保留許多貓神的神像，在美術館就能看得到。

有些神像呈現貓頭人身，有些則展現出貓原本的姿態。有些神像中膜拜的僧侶非常小，透過人與貓神的對比，展現貓神的偉大。也有神像雖然呈現的是貓的姿態，卻能讓人感受到神聖與威嚴。

埃及的神相當複雜，也經常與其他的神混為一談。雖然不確定是否可以說明得清楚，但接下來姑且就我理解的範圍，試著描繪出貓神的樣貌。

崇拜巴絲特神的地方，是古埃及的城市布巴斯提斯（Bubastis）。貓在當地被視為神聖的動物，特別的貓甚至被做成木乃伊，舉行盛大的葬禮。祭祀貓木乃伊的盛大儀式，在古代世界相當有名。

貓神巴絲特與獅子神泰芙努特（Tefnut）被視為同一尊神。巴絲特也是太陽神拉（Ra）的女兒，是太陽的左眼，但同時也被視為是月亮。換句話說，巴絲特既如同前面的說明，是展現太陽溫暖的神，但同時也被視為月神。這個部分展現出埃及神明的複雜性。

說到複雜，巴絲特神雖然被視為擊退蛇的神明，但另一方面，在展現其破壞力時，也以蛇來表現。換言之，巴絲特有時與蛇戰鬥，但有時又是蛇本身。

又或者，巴絲特神因為擊退蛇的關係，具有抑制毒性的治療之神的形象，但另一方面，她有時又像是帶給人類痛苦的魔女。

雖然巴絲特神既混亂又矛盾，但如果將其形象解釋成與人類理性難以控制的深刻情感以及情緒有關，或許就很容易理解。在古埃及人眼中，這就是貓神的形象。

保羅．葛立軻巧妙地以貓神的形象為背景，寫出一則現代奇幻故事。這則故事就是《唐瑪西娜》。故事中登場的重要人物——獸醫麥都（McDhui），是典型的現代人，他治療動物時快速俐落，不帶任何情感。一旦判斷藥石罔效，就乾脆地以氯仿[5]「處理掉」。

所有一切在他眼中都清楚明確，「鬼神」這類曖昧的存在沒有介入的餘地。

幾乎沒有人類情感的麥都卻對女兒瑪莉（Mary）相當疼愛。他所有的情感生活就像是靠女兒來平衡。然而，女兒瑪莉最愛的貓唐瑪西娜生病了，父親麥都判斷唐瑪西娜無法治療，於是不顧女兒反對，果斷地將貓「處理掉」，但這個行動卻帶來問題。

瑪莉覺得父親將唐瑪西娜「殺掉」，後來再也不跟父親說任何一句話，甚至絕食尋死。麥都在女兒身邊徬徨、憤怒、求救，由此體會到人類的理性有多麼無力。

最後貓神巴絲特登場，拯救了這對生病的父女。故事詳情在此省略，想知道的人一定要去讀讀《唐瑪西娜》。但我想要強調一點，保羅．葛立軻希望透過這個故事傳達的觀念之一，就是「貓神」在現代依然意義重大。

不只如此，現代或許更需要動物神，否則就會像信奉科學的理性主義者麥都一樣，雖然所有的一切都能處理得乾淨俐落，最後卻失去了自己的靈魂（以麥都的情況來說，就是女兒瑪莉）。

相較於現代人這種接觸動物的方式，原始時代的方式是如何呢？

7 熊的靈魂

人類剛出現在世界上時，與動物之間的關係和現代更是不同。

人類學者中澤新一的著作《從熊到王 野生筆記II》[6]就詳細討論了這點。接下來就一邊介紹中澤的想法，一邊闡述書中視為「神話的智慧」所介紹的，人與熊的相處方式。

中澤在〈最初，神就是熊〉的章節中，介紹了加拿大的阿塔帕斯卡人（Athabaskans）流傳的神話。其摘要整理如下。

從前從前的某個夏天，有一名少女外出摘莓果。少女與家人分開，她獨自一個人摘了許多莓果裝滿籃子。這時一位英俊的男子出現，他邀請少女到另一個莓果品質更好的地方去。兩人生火烤地鼠，搭配著莓果一起吃。男子告訴少女之後會再送她回家，於是少女就在那裡過夜。

隔天早晨，少女想回家了，但男子卻突然敲了一下少女的頭頂，順著太陽運行的方向繞著頭畫圈。於是少女就把父母、家人全都忘記了。

後來，少女就與男子一起行動，在男子身邊過了一天又一天。少女在這時發現，男子其實是熊。

某天，少女與熊一起去到少女的兄弟們經常獵熊的地方，少女對這個地方有印象。於是她貼在附近的地面磨擦自己的身體，將自己的氣味沾上去。她心想，這麼一來，兄弟們帶來的狗就能發現自己了吧？

雖然男子挖洞的時候看起來是熊，在其他時候看起來卻是對少女溫柔的英俊男子。到了十月，他們住進巢穴裡。少女生下了男孩與女孩。男子對少女說「你是我的妻子」，並且告訴少女，自己將與接下來出現的少女的兄弟們戰鬥。

少女拚命求他不要與兄弟們打起來。熊唱了一首歌，並告訴少女如果自己被殺，就收下自己的頭與尾巴，在自己死去的地方火化，並且唱著這首歌直到完全燒盡。

少女的兄弟們終於帶著狗過來。少女請求熊：「求求你，不要戰鬥。如果我的兄弟們想要狩獵你，就讓他們這麼做。」於是熊就被少女的兄弟們殺了。

少女從巢穴出來，告訴兄弟們「你們殺了自己的連襟」。少女聽從熊的話，燒掉他的頭與尾巴，唱著歌為他舉行葬禮。

少女帶著兩個孩子，在遠離兄弟們的地方建造小屋居住。少女的兄弟們討厭她，把熊皮蓋到她身上捉弄她。結果少女突然變成一頭灰熊，把兄弟們與母親都殺了，只留下對她親切的么弟。

少女的臉上流下淚來。後來少女熊就帶著兩隻小熊離開了。於是，熊成了半個人類。人們不吃灰熊的肉，就是因為灰熊有一半是人。

這個神話的特徵，就是人與熊幾乎沒有區別，人能夠與熊結婚，也能生下孩子。但兩者也不是完全相同。人會獵熊，而熊也會殺人。但即使彼此互相殘殺，也必須知道對方是姻親，或者是真正的親子與手足。

在《唐瑪西娜》的故事中，現代人麥都認為人與貓是完全不同的存在，如果有需要，人類把貓「處理掉」也是理所當然。但事實上，一個沒弄好就成了父親害死女兒。

如果沒有麥都的悔改與貓神的幫助，瑪莉想必就會死去。說得簡單一點，殺貓就相當於殺死女兒，麥都如此明確地區分人類與動物是個問題。動物與人類並非沒有區別，但沒有任何一方占據絕對的優勢。

中澤新一稱這種關係為「對稱性」，並強調人與動物的對稱性在神話中的重要性。

既然人與動物之間存在著「對稱性」，為什麼人類可以殺熊來吃呢？在中澤介紹的其他神話中，可以看見解決這個問題的智慧。

故事在此就不多加詳述，重點就是熊原本也是人，他們披上熊皮變成了熊，為了被人類獵殺而走出巢穴。他們把自己的皮與肉分給人類，希望靈魂能夠藉此升天為神。

這當中存在著一種犧牲精神。犧牲者透過這樣的行為被當成「神」祭祀，所有的一切都圓滿收場。但為了完成這一切，人類必須對熊懷著相應的敬意。無論是在獵殺的時候，還是對屍體的處理與葬禮，全部都必須透過繁瑣的儀式執行，絕對不可疏於細節。

日本原住民愛奴人熊靈祭（iomante）的儀式與祭典，就與之相當。

人類為了活下去，必須奪去其他生物的生命。如何解釋這點，是個很大的問題。而原始時代的神話，就對此準備了相當完美的答案。

人類雖然會將動物殺來吃，但也因為神話的解釋而對動物懷著感謝與敬畏，避免濫捕與無意義的殺生。

8 蛇就只能是反派嗎？

我們已經清楚知道動物神對人類而言具有多麼重要的意義。但掌管現代文明的歐美思維背後的神話，又是如何看待動物的呢？

本書把《舊約聖經．創世記》中所描寫的故事稱為「神話」，想必會有人反對。但為了展現基督信仰文化圈中的神話性思維，這些人應該能夠允許筆者把《舊約聖經．創世記》當成例子吧？

在舊約的世界中，唯一的神創造了一切，所以動物變成神根本是不可能的事情。但還是有一隻動物扮演了極為重要的角色，那就是蛇。

第二章也提過，神把亞當帶到伊甸園，告訴他「分辨善惡之樹的果實你不能摘來吃，要是摘了這個果實來吃，你一定會死」。但是蛇卻慫恿夏娃吃這棵樹的果實。蛇對她說：「你們不一定會死吧？神一定知道，你們吃了果實便會眼睛明亮，如神一般知道善惡。」

夏娃順從蛇的話吃下果實，亞當也吃了。於是他們知道自己全身赤裸，便把無花果葉圍在腰上。神知道之後怒不可遏，把人類趕出樂園。人類在此犯下永遠無法被原諒的罪過，產生了對基督信徒而言意義極為重大的「原罪」。蛇是讓人類背負原罪的罪魁禍首，因此也被視為反派的代表。這與把熊當神祭祀的思維完全相反。

但，這麼輕易就把蛇當成反派，真的合適嗎？亞當與夏娃吃下智慧果實之後所做的第一件事情，就是把自己的身體遮起來，因為他們開始為自己的裸體感到羞恥。換句話說，他們開始踏上違反自然的道路。

「違反自然」不就是現代文明的根本嗎？現代的我們需要科學與技術讓自己過著舒適的生活，而這些都從違反自然的行為中誕生。如果人類依然留在伊甸園，或許就會過著完全「自然」的生活，但這樣的生活與動物沒什麼兩樣吧？

站在肯定現代文明的立場來看，蛇或許該算是人類的恩人。

人類多虧了蛇，才能擁有「反自然」的智慧，只不過代價是必須背負「原罪」。從這個角度來看，現代人還必須大大地感謝蛇才行。只是，這樣的智慧並不「自然」，而是具有「反自然」的特質，因此也帶給人某種自相矛盾的感覺。

諾斯底主義[7]中的一派，對於舊約的故事也提出如下的解釋。

舊約中的神，其實是更高位階的眾神當中地位最低的神，而這位神負責的就是創造世界的工作。但是他所創造出來的所有物種，都深信這位神是至高至善的唯一真神，只有蛇知道真相，牠把這件事情告訴了人類。創世神知道之後大發雷霆，蛇與人類都遭到懲罰。

這個解釋給人的感覺相當具有深度不是嗎？從舊約的故事中，我們可以體會到建構一個把神、人、自然視為整體的世界觀，以及給「惡」一個解釋有多麼困難，而蛇就帶著極為矛盾（ambivalent）的性格，在故事中登場。

關於舊約中的蛇，還有一點必須補充。基督信仰在十六世紀傳到日本之後，曾有很長一段時間遭到嚴重鎮壓。儘管如此，大家都知道這段時期仍存在著「隱藏的天主教徒」。

第二章也提過，舊約的故事在隱藏的天主教徒之間流傳下來，到了一九三一年，研究者發現了隱藏的天主教徒的文書《天地始之事》。書中所寫的故事相當於《舊約聖經．創世記》的第一到第三章，並且在超過二百五十年的歲月中，完成了文化的「涵化」。如果仔細閱讀會發現許多耐人尋味的內容，在此只把焦點擺在蛇的部分。

《天地始之事》中，阿當與伊娃也吃了禁忌之樹的果實，但引誘他們的不是蛇，而是「惡魔」。一般認為，這裡的惡魔指的是路西法（墮天使）。而值得注意的是，蛇在這當中消失了。

關於這點的解釋，意見分歧，但我認為，這可能是因為日本人無論如何都無法接受把罪過推到動物身上。在日本，蛇在許多地方都是被尊稱為「巳神」的御神體，日本人或許不願意將其看成是明確的反派吧？

日本人即使接受了基督信仰，依然保有崇敬動物的心意，因此才會避開把蛇視為反派的故事不是嗎？

註釋

1 註：*The Trickster: A Study in American Indian Mythology*, Paul Radin, Karl Kerenyi, C. G. Jung。日文版『トリックスター』，皆河宗一等人譯，晶文社。

2 註：『アフリカの神話的世界』，岩波新書。

3 註：*Thomasina: The Cat Who Thought She Was a God*, Paul Gallico. 迪士尼於一九六四年所推出的經典電影《貓咪三世情》（*The Three Lives of Thomasina*）就是改編自這本小說。日文版『トマシーナ』，矢川澄子譯，角川文庫出版，但最近創元推理文庫出版了山田蘭翻譯的重譯版。

4 註：『猫だましい』，新潮文庫。

5 編註：三氯甲烷（chloroform）俗稱「氯仿」，又稱「哥羅芳」。在常溫下為無色、有氣味的液體，是生產聚四氟乙烯的原料；也曾用作製冷劑、麻醉劑、鎮靜劑。

6 註：『熊から王へカイエ・ソバージュII』，講談社。

7 註：Gnosticism，是與基督信仰同時期興起的宗教思想。

｜第六章｜

無意識的真實

1 英雄神話的解讀

眾神的故事中經常出現英雄，而這點展現的，或許正是人類的願望。神話中的英雄是一種理想形象，呈現出人類對強大、正直的嚮往。換句話說，我們也可以將這些英雄形象解釋成人類心理活動的投射。

神話英雄在心理上有各式各樣的解釋。舉例來說，佛洛伊德著名的「伊底帕斯情結」，就以希臘悲劇英雄伊底帕斯王的故事命名。

榮格派精神分析師艾瑞旭．諾伊曼，則將英雄神話的故事，解釋成西方「確立自我意識」的象徵。他在著作《意識起源史》（*The Origins and History of Consiousness*）[1]中闡明了這點。關於其內容之後會再介紹，在此之前我想要先稍微做點補充。

我在一九五九年前往美國留學時，經歷了強烈的文化衝擊。如果將帶給我衝擊的事物，用一句話來形容，應該就是「美國人的『自我』」吧！

美國人在任何情況下，都能明確表達並捍衛自己的情緒與想法，也能對此負起責任。我為他們的堅強感到佩服。當日本人被問到「你有什麼看法」的時候，不是答不出來，就是回答得模稜兩可，但美國人就能表達得很清楚。

當我逐漸與美國人熟稔，開始聽到「日本人沒有自我」、「沒有個性」的批評，雖然乍聽之下覺得一點也沒錯，但後來漸漸覺得事情沒有那麼簡單。

所謂的「自我」，應該有各種樣貌不是嗎？如果只把歐美的自我當成唯一的正確答案，實在不太合理。

這件事雖然成為我開始研究日本民間故事與神話的契機，但在此先姑且不提，諾伊曼也說過，歐美近代的自我確立，在人類的精神史中屬於特例。我們必須清楚知道這點。

日本人追趕並超越先進國家的努力，在許多方面都是成功的。日本甚至成為G7（先進七國）中，唯一一個非基督信仰文化圈的國家。而「確立自我」也讓日本人感受到極大的魅力，許多日本人都依此努力。

但這樣的努力其實相當表面，讓人不禁懷疑日本人真的成功建立了如歐美人一般的自我了嗎？讓我如實感受到這點的，是諾伊曼以英雄制伏怪物的故事，象徵性地說明自我確立過程中的嘗試。接下來將對此進行簡單的介紹。

2 制伏怪物與殺死父親

諾伊曼認為，神話中描述的英雄誕生，代表的是自我萌芽。

思考過去的人類精神史，人類的內心產生自我，是一件極具劃時代意義的事情。就這層意義來看，也很適合以英雄的誕生來表現。為了顯示其稀有性，許多神話中都會描述英雄的誕生有多麼異於普通孩子的誕生。

舉例來說，第四章也提過的希臘神話英雄珀爾修斯，就是因為宙斯化為黃金雨從屋頂落到他母親達妮的膝蓋上，才使母親懷上他。

這是因為達妮的父親阿克里西斯王接到神諭，得知女兒達妮產下的男孩會將自己殺死，於是將達妮關在青銅塔中，所以宙斯才會化身為黃金雨潛入。

英雄的誕生經常會伴隨著這類不尋常的故事。珀爾修斯雖是人類，卻也繼承了神的血脈。日本神話中的素盞嗚尊也做出了相當於英雄的行為，他從父親的鼻子誕生，因此也頗為異常。

話說回來，許多英雄都會制伏怪物。譬如珀爾修斯制伏了海怪，拯救了喀弗斯被獻祭給海怪的女兒安朵美達，並與安朵美達結婚。

這裡所說的「制伏怪物」，在心理上該如何解釋，是個很大的問題。如同各位所知，佛洛伊德將焦點放在父子之間的糾葛，他認為伊底帕斯情結是人類最重要的心理活動，因此將怪物解釋成父親的象徵。根據佛洛伊德的解釋，男人在無意識中都有殺死父親、與母親結婚的欲望，而這樣的欲望就透過制伏怪物的神話反映出來。

至於榮格派的諾伊曼，則沒有將這樣的故事直接還原成家庭關係，而是將其視為人類與存在於自己無意識深層的「父親形象」及「母親形象」的原型之間的關係。

諾伊曼認為，人類心中存在著個人的父親與母親的形象，但心底更深層之處，也存在著超越個人，可說是人類共通的「父親形象」與「母親形象」的原型。

自我從人類的意識中萌芽，但必須成為脫離無意識的獨立存在才得以自立，而在外界也必須脫離母親獨立。

換句話說，人類必須至少象徵性地殺死相當於「母親形象」的事物一次，才能成為與之脫離而獨立的存在。諾伊曼認為，這就是神話中的制伏怪物。

但即使自我因此而獨立，也不能永遠脫離無意識、或是保持與外界切斷聯繫的孤立狀態，因此自我必須重新恢復關係。

諾伊曼認為英雄與女性結婚就是恢復關係的象徵。譬如珀爾修斯制伏怪物之後，就與安朵美達結婚了。

至於故事中的「父親形象」又在哪裡呢？自我藉由斷絕與「母親形象」的接觸而獨立，而「父親形象」則更像是社會規範的體現者，要求自我遵循。

一般來說，只要自我能在社會上獨立生活，必須遵循規範也無所謂，但極端具有個性或創造性的人，也會超越或改變社會規範。這時制伏怪物也具有「殺死父親」的意義。

自我在殺死母親、殺死父親之後，實現了與女性的婚姻。

3 為什麼會有「弒親」的故事？

「眾神的故事」真可怕，有些部分好像在告訴我們殺死父母是必要的。為了避免大家產生這樣的誤會，有一點必須補充。「弒親」是發生在眾神世界的事情，換句話說，這是一種象徵性的表現。反而是不清楚其意義者，才會在現實當中犯下「弒親」的罪行吧？他們錯把應該在內心世界完成的儀式，帶到外界執行。

話雖如此，人類的內心與外界有著意想不到的關聯，因此事情沒有那麼簡單。象徵性的「弒親」以各式各樣的型態表現在每個人的人生當中。舉例來說，有個孩子原本相當優秀，學校的課業對他來說相當有趣，父母也以孩子的成績為傲，但這個孩子升上高中後不久，卻突然無法上學了。孩子自己完全不知道原因，父母也不曉得該如何處理孩子的問題。

仔細想想，孩子做出了最讓父母困擾、厭惡的事情，或許可說是某種意義上的「弒親」，但不上學一直待在家裡，卻能夠不離開父母，這代表孩子反而與父母更親密。

換句話說，孩子獨立的過程相當辛苦，即使試圖「弒親」，也同時兼具想要貫徹到底的心情，與想要永遠向父母撒嬌的心情。無法上學的現象，就在這樣的矛盾當中發生。

我以心理治療師的身分與這位高中生見面，後來他以自己的方式達成象徵性的弒親，並且重返校園。親子之間在這之後也進行了和解。

孩子在這樣的過程中會夢到母親死去、父親死去，或者甚至是自己殺了他們。

還有大學生在進行象徵性的弒親時，無可避免地在父母身上看到了以前看不見的缺點，變得極度厭惡父母。但他明明如此討厭母親，在夢到母親死去時，依然悲傷地抱著屍體哭泣。這位大學生覺得他好似在夢中一口氣完成了弒母與和解。

有些孩子即使順利成長，沒有發生如此戲劇化的過程，仍會突然在心裡對原本尊敬、喜愛的母親產生反彈，只注意到母親的缺點，後來再度因為某個契機而發現「媽媽原來也是人」，於是又恢復原本親密的關係。

但有些孩子不再像以前那樣認為母親是絕對的，親子之間的關係更接近個人與個人的關係。

話雖如此，人類當然不可能完全離開「父親形象」或「母親形象」獨立。因此即使象徵性地達成「弒父」與「弒母」，父親與母親依然將以不死之身的形象重生。

即使一度達成弒親也不能鬆懈。因為人類會藉著一再重複類似的過程，逐漸獲得獨立性。「弒親」的對象不限於真正的父母，也擴及「母親形象」與「父親形象」的體現者，換句話說，老師、上司，或者任何一位親戚，都可能是其對象。

又或者也可能因為沒有圓滿達成弒親，而總是不斷地與上司發生糾紛。

因為這樣的人弄不清楚外部關係與內部親子關係之間的界線，因此如果突然拉近距離，就會產生反彈。

4 結婚代表什麼意義？

男人與女人結合的婚姻，在自我確立的神話中具有高度的象徵意義。原因如同前述，婚姻代表一度與世界切斷關係的獨立自我，再度與這個世界產生新的連結。

我以前在瑞士的榮格研究所學習我在此所闡述的這些內容時，其中一位講師曾提到「日本是唯一一個未曾經歷過切斷與母親形象之間的關係，就躋身先進國之列的國家」。

聽講師這麼一說，不禁讓人恍然大悟，覺得原來如此。我當時以為這是一項嚴重的負面因素，但現在反而認為所謂的正面、負面，並不是這麼簡單就能斷言的。因為任何事情都有利有弊，不能這麼輕易就做出判斷。

無論如何，日本即使躋身先進國家之列，依然維持與母親形象之間的關係，我們必須充分認知到其特殊性。

雖然日本基本上依然保持這樣的傾向，但也愈來愈多人強烈受到歐美影響，開始試圖確立自我。因此英雄制伏怪物乃至於結婚的自我確立神話，在日本也開始發揮影響力。這點也帶來了各種形式的家庭問題。

某位女兒與父親之間有著緊密的連結。她曾與父親一起旅行，閱讀父親推薦的書籍並一起討論感想，所有的一切都受到父親強烈的影響。

後來她戀愛了，帶男友回家介紹給父親，但她的男友卻是父親討厭的類型。當然男友也有可取之處，但父親忍不住將他批評地一文不值。男友回去之後，父親極力說服女兒說對方是一個多麼無趣的人。

女兒聽了父親的意見之後，覺得原來如此，但卻依然無法改變她對男友的戀慕。她又再度去見男友，而她一見到對方，就無論如何都想要與對方結婚。但另一方面，她看著男友的時候，也覺得父親說的一點也沒錯。

最後她受不了這樣的內心糾葛而試圖自殺，幸好沒有成功。然後父親就陪著她一起來找心理治療師諮商。

她一開口就馬上說自己真的覺得對父親很抱歉。父親對自己如此珍惜、疼愛，但自己喜歡上的男性卻偏偏是父親最討厭的類型。

她滿口都是對父親的歉意，但心理治療師問她有沒有好好對父親說過這件事時，她的回答卻是沒有。即使什麼都不說也能獲得諒解的想法裡，有著孩子的不成熟。

制伏怪物需要勇氣。這位女兒選了父親最討厭的男人類型當丈夫，或許就是在下意識中「弒父」。但她需要勇氣才能使這樣的行為真正變得有意義。

所謂「勇氣」指的是，這時候不能永遠像個女兒一樣撒嬌，而是以個人的身分，清楚地對父親一直以來付出的愛表達謝意，以及對自己儘管知道對方是父親討厭的人，依然一定要選擇對方做為結婚對象這件事，向父親表達歉意，並乞求父親的諒解。

後來這位女兒確實把自己的心情告訴父親，而父親也接受了她的心情，允許他們結婚。雖然父親原本如此厭惡女婿，但日後雙方的關係也逐漸好轉，結果變得可喜可賀。

這是一個發生在現代日本的「弒父」案例。像這樣的案例就是典型的象徵性弒父，如果疏於實現，就會演變成各種形式的悲劇。舉例來說，如果女兒自殺成功，這個案例就成為遺憾的悲劇了。

5 大國主的結婚

前面已經提過，英雄神話由英雄的誕生、制伏怪物、英雄的結婚這三段情節組成，而這樣的故事象徵確立自我的過程。

「制伏怪物」的部分，在某些故事中也會以解決各式各樣的難題取代，而閱讀歐洲的民間故事會發現，多數故事都循這樣的模式發展。

但如果閱讀日本民間故事就會驚訝地發現，同樣的模式其實很少。舉例來說，在舊版的浦島太郎故事中，浦島太郎雖然與龍宮公主（名為龜姬）結婚，但最後還是回到原本的世界變成老人。大家熟知的夕鶴（鶴娘子）故事[2]，最後也以夫妻分離的悲劇收場。

這點讓人好奇到底是為什麼，但在日本神話中其實也會讀到典型的英雄故事。

素盞嗚尊被趕出高天原之後去到出雲國。他在那裡遇到足名椎與手名椎這對哭泣的老夫婦。他們哭著說八岐大蛇就要把女兒奇稻田姬吃掉。於是素盞嗚尊命足名椎與手名椎製作八個酒樽，在裡面裝滿酒，等待大蛇到來。他趁著大蛇喝醉酒睡著的時候，將大蛇斬殺，後來就與奇稻田姬結婚。

這實在與珀爾修斯的故事極為相似，但還是略有不同。差別就在於素盞嗚尊並非正面交戰，而是使用計謀把大蛇灌醉，趁機斬殺。因此也有人認為，與其說素盞嗚尊是真正的英雄，還不如說他更接近前面介紹過的搗蛋鬼（日本的英雄很多都是搗蛋鬼）。

或許大家讀了這個故事會覺得，儘管素盞嗚尊帶有一點搗蛋鬼的特質，但日本不也有制伏怪物並結婚的典型英雄神話嗎？可是盞嗚尊在日本神話中，卻更像是「旁支」一般的存在。

我已經在其他著作（拙作《神話與日本人的心》）中詳細說明過，雖然很難斷言天照大神是日本神話的中心，但天照大神的子孫卻成為天皇家族。這麼一想，就會覺得素盞嗚尊無論如何都會被歸類為旁支。

話說回來，日本還有另一個關於結婚的神話也相當耐人尋味，應該一併介紹，那就是同為出雲系統的大國主神話。

大國主因為受到其他兄弟憎恨，差點就被殺，因此逃到根堅洲國投靠素盞嗚尊（素盞嗚尊在這個故事中也占有一席之地，相當有趣）。他在這裡見到素盞嗚尊的女兒須世理姬，兩人一見鍾情。但素盞嗚尊卻吩咐大國主進行許多工作，甚至想要取他性命。

大國主為了弒父的工作拚上性命，而父親也不願意輸給兒子，試圖想要殺掉他。

大國主在如此困難的時候得到須世理姬的幫助，一一克服難關。這個部分的內容在此省略，請參閱《古事記》的原文。而最令人印象深刻的部分，其實是結局。

最後簡單來說，就是大國主與須世理姬趁著素盞嗚尊睡著時，將他的頭髮綁在房間的椽木上，藉此機會逃跑，而素盞嗚尊在發現之後追了上來。最後追到黃泉比良坂的素盞嗚尊對逃跑的兩人喊道：「出雲國就交給你們治理。」

憤怒的父親最後原諒了兩位年輕人，並給予他們祝福，這點實在令人印象深刻。如果把這當成一種「弒父」的故事，最後的結局就是避開殘殺，達成戲劇化的和解。

我認為這是一個出色的故事，充分表現出父親嫁女兒的心情，同時也讓人感受到憎恨與疼愛只有一線之隔。

6「惡」的難題

透過目前為止的內容可以知道，善與惡的問題其實是微妙的悖論，在此就試著針對「惡」進行統整性的思考。

神會「作惡」嗎？這個問題很難回答。舉例來說，希臘神話中的主神宙斯明明已經有妻子了，依然與許多女性發生關係，甚至生下孩子。但這是「惡」嗎？

如果宙斯不這麼做，或許希臘神話中的英雄就不會誕生。因此若以神的標準來判斷，宙斯的行為或許稱不上是「惡」吧？

至於殺死埃及神話主要神祇俄西里斯（Osiris）的弟弟賽特（Set），似乎就能稱為「惡神」。這在埃及歷史中，俄西里斯信仰占優勢的時代或許可以這麼說，但也有賽特信仰占優勢的時代，這種時候，賽特當然就不是什麼「惡神」了。

基督信仰這類的一神教很單純，神是至高至善的唯一存在，神不可能作惡。但既然如此，至高至善的神所創造的世界中，為什麼存在這麼多惡呢？這道難題必須有個答案。

換句話說，「惡」對人類而言是極難處理，卻又不得不處理的課題。就連到底什麼是惡都難以定義。

就像大家常說的，殺一個人是惡，但殺許多人（戰爭的時候）就能獲得勳章。一旦開始思考「本質」就會變得極為困難，不過我們可以先看看神話中如何描述一般認知中的「惡」，再思考這個問題。

7 殺人表達的意義

神話中充滿殺人的故事。如果要正式探討「眾神殺人」的問題，大概可以寫成一本書吧！為什麼眾神之間會有這麼多的殘殺呢？不過其他的「惡」也一樣，故事中之所以會有這些行為，或許是因為其具有極高的象徵性。

仔細想想，我們在日常生活中也會使用「扼殺對方的動作」、「將某某割捨」或是「見死不救」等說法，而日本應該也有許多人活在「扼殺自我」當中。

本章開頭提到「制伏怪物」的時候，曾探討其「弒母」、「弒父」的象徵意義。人在成長的過程中，總有一天必須實現象徵性的「弒母」或「弒父」（不過某些國家的父親或許會在不知不覺間缺席，即使想要弒父，也會因為找不到人而不知該如何是好）。

所以不難理解神話中有許多像伊底帕斯那樣「弒父」或「弒母」的故事。如果替換成貼近日常的說法，弒親故事描述的就是親子關係決定性的變化。

在探討殺人的時候，也不得不提另一種「海奴韋萊女神」（Hainuwele）型的神話。雖然這種類型的神話廣為人知，但在此還是簡單介紹一下這個來自印尼希蘭島（Seram Island）維米爾族（Wemale）的神話故事。

有一位名叫阿米達的男子外出狩獵，他遵循夢中的啟示種植椰子樹。三天後椰子樹開花了，阿米達想要將花割下，卻不小心切到自己的手指，他的血滴到花上。九天後，一名女孩從花上誕生，阿米達帶著女孩回家。過了三天，女孩長大成人，阿米達將她取名為海奴韋萊。

祭典的夜晚，正在跳舞的海奴韋萊掉進地面挖出的洞中死去。阿米達將她的屍體切開，分別埋在不同的地方，於是各個部分的屍體化為各種不同的薯類，自此之後，人類就以薯為主食。

這個故事還有後續，不過，像這類殺人卻使人類獲得新食物的故事，廣泛分布在世界各地的熱帶地區。

這類神話所要表達的是，為了誕生某種新事物，必須存在著死亡（殺人）。而神話最擅長表達的就是生、死與兩者之間微妙的關聯。

眾神的世界充滿悖論。只要死能夠帶來重生，眾神的「殺人」故事，就會被視為通往創造性世界的橋梁。

不相信神話的現代人，反而無法忍受通往創造性世界時，在內心深層產生的痛苦，或者，說不定會在渾然不覺的情況下，在人類的世界引發「殺人事件」吧？

8 姦淫會帶來什麼？

姦淫是人類的惡行之一。前面提出了宙斯與許多女性發生關係，是否應該稱為「惡」的疑問。但我們先把這個問題放在一邊，宙斯的行為有時也會激起其正妻希拉的激烈妒火。這樣的故事很多，在此為大家介紹其中一個。

宙斯愛上人類女孩賽迷兒（Semele），而賽迷兒也懷上了宙斯的孩子。但是希拉知道之後相當嫉妒，她用計騙過賽迷兒，誘使賽迷兒要求宙斯以向希拉求婚時的姿態來探望自己。宙斯只好在閃電與雷鳴中乘著戰車前來，而被雷打中的賽迷兒就白白燒死了。不過宙斯將六個月大的胎兒救出，縫在自己的大腿裡養大（這個孩子就是酒神狄奧尼索斯〔Dionysus〕）。這股熊熊妒火使希拉用奸計燒死賽迷兒。但狄奧尼索斯成了神之後，也將母親從地獄接到天上，讓賽迷兒也成了神。即便如此，宙斯引發如此強烈妒火的行為，也實在很難稱得上是「善」。

日本神話中也有以嫉妒為主題的故事。大國主也和宙斯一樣，到處拈花惹草。他的妻子須世理姬知道他與奴奈川姬發生關係後，也強烈嫉妒。

大國主受不了，打算從出雲國逃到倭國。但他心裡仍有留戀，因此一手扶著馬鞍，一腳踩住馬鐙，吟唱了一首詩歌。他在詩歌中殷殷傾訴「如果我就這樣離開了，須世理姬，妳應該會悲傷哭泣吧？」

須世理姬則以詩歌應答，唱到後來她說：

除汝無男，除汝無夫。

最後又唱道：

枕玉手，展腿眠，奉君豐御酒。

於是兩人歡歡喜喜和好了。

這個故事與希臘神話不同的是，最後靠著「詩歌」的優美表現，平息嫉妒的情緒，並恢復平靜。

從對「姦淫」的看法中，也能發現如此之大的文化差異，這點相當有趣。接下來再為大家介紹一個在完全不同的脈絡中誕生的「姦淫」神話。

這是美國原住民納瓦荷族的神話，在這個神話中經常出現「通姦」的情節。根據納瓦荷族的神話，其祖先從第一世界移動到第二、第三、第四世界，最後人類才在第四世界誕生，而在這個過程中發生的數度「通姦」，就成為重要的主題。

這裡簡單介紹保羅・佐布羅德（Paul G. Zolbrod）在《美國印地安神話——納瓦荷族的創世故事》（*Diné Bahane': The Navajo Creation Story*）[3]所描述的包含納瓦荷族創世情節的故事。第一世界中存在著被稱為「空氣精靈之人」，但還稱不上是人類的「人」們，「他們互相犯下通姦罪。許多男人都有罪，但女人也同罪」。

他們知道自己的惡，但想停止也停不下來，最後他們無法繼續待下去，於是飛往空中去到第二世界。第二世界住著「燕子人」。納瓦荷族祖先與燕子人商量，一起在第二世界生活。

「大家相安無事地生活了二十三天，然而第二十四天的晚上，一名新來的人與『燕子人』酋長的妻子發生了親密關係。」

酋長相當憤怒，把大家都趕了出去。於是納瓦荷族的祖先再度飛離第二世界。

他們到達第三世界，那裡住著「黃色蝗蟲人」。第三世界也發生了與之前完全相同的事情。換句話說，有人在第二十四天與蝗蟲人的酋長妻子通姦，於是又被趕了出去。

就這樣，他們來到第四世界，真正的「人」就在這裡誕生，其過程在此省略。這裡想要探討的是，為什麼故事中要一再重複「通姦」的情節。

納瓦荷族的祖先在這個故事中，從第一世界經過第二、第三世界，最後到達第四世界，從這個過程來看，被趕出第二、第三世界也可以解釋成他們無法在那裡安居，於是往下個世界前進。

這麼一想，「通姦」之惡，甚至可以稱得上是促使民族前往下個世界的引爆力。「惡」經常具備像這樣的矛盾，儘管如此，我們也不能就因此把「通姦」視為善，但我們應該要瞭解「惡」所扮演的微妙角色吧？

這就像前面所說的，只要殺人能夠帶來重生，惡的悖論依然得到認同。不過，《美國印地安神話》的作者佐布羅德也指出，這則不知道該算是納瓦荷族的起源傳說還是神話的故事有一個特徵，那就是「故事裡既沒有暴力，也幾乎沒有鬥爭」。

相較於其他文化的神話中有許多暴力與殺人（儘管會帶來重生）的情節，這點可說是相當顯著的特徵。然而「通姦」卻在這個故事中頻繁出現，也不禁讓人覺得在創造的過程中，或許還是必須經歷某種「惡」。

稍微離題一下，我以前曾針對英國作家莎士比亞的《理查三世》（*Richard III*）[4]與日本的《追尋己身的公主》[5]進行比較，並指出兩篇故事描寫的都是兩個敵對家庭融合的過程，但前者的關鍵字是「殺人」，後者則是「私通」（請參考拙作《活在故事裡》[6]）。

而我也覺得關於神話的描述，似乎在某部分與上述的比較相符。或許問題只在於，邁向目標的引爆力，是要選擇「殺人」，還是要選擇「私通」而已。

9 竊盜與獨立

「竊盜」當然是「惡」，但這當中依然存在著悖論。

提到希臘神話中的「竊盜」，首先想到的應該就是赫密斯吧！雖然赫密斯的母親在他出生之後，將他裹在襁褓哄睡，但他卻逃出襁褓，偷了一部分阿波羅飼養的牛群。

雖然過程相當有趣，但在此還是略過不提。總之，他把接下來發現的烏龜殺了，從牛身上取下牛腸線，綁在龜殼上製成豎琴。

另一方面，阿波羅費盡千辛萬苦終於找到偷牛的犯人赫密斯，並向他的母親興師問罪。但母親卻帶阿波羅去看用襁褓裹起來的嬰兒赫密斯，告訴他赫密斯不可能偷牛。但阿波羅還是一狀告到宙斯那裡，宙斯於是命令赫密斯把牛還給阿波羅。

阿波羅去找赫密斯，但在聽了赫密斯彈奏的豎琴之後，願意用牛跟赫密斯交換豎琴。

赫密斯真是個早熟的小偷，而且在希臘神話中也是個出類拔萃的搗蛋鬼，所做的一切都充滿矛盾。就連阿波羅也拿他沒辦法。

不過他的矛盾尺度太大，人類從這當中學不到什麼。

人類較容易理解的「竊盜」悖論，存在於普羅米修斯的故事當中。

人類因為宙斯不願意給人類火種而煩惱，普羅米修斯於是從火神赫菲斯托斯的鍛冶場中偷來火種，藏在大茴香的莖裡，瞞著宙斯帶回人界。宙斯因此大發雷霆，懲罰普羅米修斯，但其內容在此省略。

所有動物中，只有人類懂得用火，因此火是文化的起源。人類獲得火的過程，在許多神話中都是重要的主題。

其中，某人從神所在之處盜火的故事，在全世界占了一定程度的數量，這類型的故事甚至還被歸類為「普羅米修斯型」。

這類故事雖然沒有弒父那麼明確，但描述的依然是只有透過對「父親形象」的反抗，才能獲得某種新事物。「竊盜」當然是「惡」，但可以解釋成具有邁向「獨立」的象徵性意義。

即使是在實際的臨床案例中，有時也必須思考「竊盜」的人如何努力嘗試「獨立」，才能對那個人有充分的理解。而出現在夢中的「竊盜」，有時也能透過這樣的觀點解釋。

這個故事中，全知全能之神宙斯或許其實知道普羅米修斯的意圖，並且將計就計。從這樣的角度思考，應該也很有趣。

宙斯知道獨立與伴隨獨立而來的痛苦對人類的必要性，因此他雖然知曉普羅米修斯的計謀（或是策劃這場計謀），卻又因中計而感到憤怒。或許正因為他同時擁有這兩種矛盾特質，才能成為「父親形象」的體現者。

為了將惡的悖論應用在創造上，需要包含矛盾的「父親形象」。這麼解釋應該也頗有趣。只要這些組合稍有偏差，竊盜或許就會淪為單純的作惡吧？

10 傳達真實的謊言

謊言也是「惡」。摩西的十誡當中，除了前面提到的「弒人」、「姦淫」、「竊盜」之外，還提到了「偽證」。

我們小時候常被告誡「說謊會被打入拔舌地獄」，但這句話對現在的孩子而言，已經不適用了吧？不過「小偷就從騙子開始」，這句話似乎直到現在依然有效。

此外，只要是日本人，應該都聽過「說謊也是一種方便[7]」這句話，而且也有不少人使用。雖然「方便」是佛教用語，但這句話並非出於佛陀之口。不少人都親身體驗了謊言的悖論，因此似乎也沒有特別提出的必要，但在此還是介紹一個令人印象深刻的故事。

這個故事就是前面也提過的，日本著名的〈天岩戶〉神話。天照大神因為素盞嗚尊的胡鬧，將自己關進天岩戶裡。於是黑暗籠罩世界，煩惱的眾神，想盡辦法吸引天照大神出來。詳情略過不提，最後就如同大家所知，天鈿女命的舞蹈惹得眾神哄堂大笑。

天岩戶中的天照大神對此感到不可思議，「眾神應該因為世界變得一片黑暗而煩惱，為什麼還會開心大笑呢？」天鈿女命聽了天照大神的疑問後，回答她：「因為比妳尊貴的神出現了，眾神相當歡喜。」

眾神趁著天照大神驚訝的時候拿鏡子照她，讓她覺得愈來愈可疑，就在她出來一探究竟的時候，眾神以注連繩[8]封住出入口，使一切恢復原狀。

天鈿女命在這裡所說的「出現了比妳更尊貴的神」，明顯是個「謊言」。雖然故事中沒有明確寫出來，但天照大神想必因為看見了鏡中反射的自己，以為這就是比自己更尊貴的神而大吃一驚吧？

天照大神因為這個謊言而再度回到這個世界上，使世界重獲光明，正可謂「說謊也是一種方便」。

但如果只把故事中的謊言當成單純的「方便」，似乎有點可惜。

把自己關進天岩戶前的天照大神，與有過這段經歷再從天岩戶出來的天照大神，在狀態上已經有了變化，後者成為了比以前更「尊貴」的存在不是嗎？換句話說，天鈿女命說的不是謊言，而是更深層的真實。

那麼，天照大神在關進天岩戶之前與之後，有了什麼樣的變化呢？關進天岩戶前的天照大神，僅止於發光發亮的存在。她有著天上最高的地位，單純地綻放著光芒。

素盞嗚尊在這時入侵。即使素盞嗚尊破壞田地、到處潑糞，天照大神依然以善意解釋他的行為，未曾責備他。但素盞嗚尊趁著天照大神織布的時候，打破屋頂將馬丟進去，使得屋裡織布的天女大吃一驚，織布的梭子刺進陰部，因而死去。

《古事記》中寫到「故於是天照大御神見畏。開石屋戶而閉於其中」。

天照大神把自己關進天岩戶裡，不是因為對素盞嗚尊的行為感到憤怒，也不是為了逃避，而是「見畏」。「見畏」在這裡是敬畏、反省自身不足的意思，換句話說，天照大神在經歷了素盞嗚尊的入侵之後，起了敬畏之心。

光輝的存在被迫經歷了可怕的痛苦，這對她來說才是必要的經驗。

以上的故事取自《古事記》，而《日本書紀》的「一書曰」則寫到，天照大神出天岩戶時，鏡子稍微在岩戶上碰出了一點瑕疵，而且「其瑕，今猶存」。這可以解釋成，鏡子正因為有了瑕疵才變得更貴重，與前述天照大神的體驗相符。

天照大神原本僅止於發光發亮的存在，缺乏天鈿女命所展現的女性的一面。天鈿女命正面呈現出女性的身體與性的重要性。

天照大神藉由融入女性的一面，以及受苦、受傷的經歷，轉變為「更尊貴的神」。這麼一想，天鈿女命的這句話就超越了方便的謊言，傳達了更深層的真實。

描述事實很簡單，傳達真實卻很困難。如果將傳達真實的話語指為「謊言」，給人的感覺太過武斷。因為虛實之間只有一線之隔，而這條線表達的就是真實。

我們已經看過人界所謂的「惡」在神界中呈現的樣貌，也知道這些「惡」在眾神的世界裡被視為「藥」，世界因此而變得更豐富、更有深度。

但如果使用方法錯誤，「藥」也會變成「毒」，甚至將使人喪命。人類在不知不覺間採用了「神」的方式生活，進而引發事件的案例，不也出乎意料地多嗎？

沒有人因為行善而找上我們這些心理治療師，幾乎所有來醫院的人都牽扯到某種「惡」，而心理治療師的任務，或許就是將這些惡與眾神的生活方式對照，找出人類生活方式中微妙的悖論吧！

註釋

1 註：日文版『意識の起源史』，林道義譯，紀伊國屋書店。
2 譯註：也就是〈白鶴報恩〉，但這個故事其實有許多版本，〈鶴娘子〉取的是白鶴嫁給恩人當妻子的版本。
3 註：日文版『アメリカ・インディアンの神話——ナバホの創世物語』，金關壽夫、迫村裕子譯，大修館書店。
4 編註：虞爾昌譯，世界書局出版。
5 譯註：原文書名『我身にたどる姬君』，大約寫於十三世紀，作者不詳。描述水尾天皇的皇后與關白私通所生下的孩子最後成為皇妃的故事。
6 註：『物語を生きる』，小學館，後改由岩波現代文庫出版，中文版將於二〇一九年由心靈工坊出版。
7 編註：此處的「方便」引自佛語，原指以靈活對待、因人施教的方式引人入教，這邊指一種「權宜之計」。
8 編註：又稱七五三繩，多見於日本神社，是一種稻草結繩，較粗者直徑可達數公尺，常與紙垂一併使用，能製造「結界」、防堵邪惡不淨之物。

解說

「神話智慧」的甦醒

鎌田東二／宗教哲學家．上智大學喪慟關懷研究所特聘教授

明年就是河合隼雄（一九二八到二〇〇七年）逝世整整十週年了[1]。日本年度自殺人數在這段期間降到三萬人，數字看似略為減少，但其實另一方面，十五歲到二十四歲的年輕族群自殺率卻每年持續升高。這代表對許多日本年輕人而言，這樣的時代與這樣的國家，讓人愈來愈難生存。

那麼他們該如何才能從這種難以生存的感覺中解放呢？的確，現代社會讓人難以生存的原因並不單純。除了政治經濟與教育文化之外，他們與家人、朋友等親近的人之間的關係也變得複雜多樣，彼此深入影響。所以該從何解開、又該如何解開難以生存的結，才能得到活下去的方針與活力，方法多樣而又難以發現。年輕人愈來愈搞不清楚在這種複雜的情況下，該從哪裡得到啟示。

這種時候，「心靈上的富足與智慧，就變得必要」（第十八頁），所以作者才會在這時告

訴我們「想要學習生存所需的高深智慧，我認為『神話』是很好的素材」（同）。換句話說，「神話」就是能夠讓我們學習「生存所需的高深智慧」的最棒、最深入的教材。因為「神話描述的內容，與人類存在最根本的部分有關」（同）。

然而解讀神話並不簡單。因為「閱讀『故事』需要動用一個人所有的能力」（第十九頁）換言之，解讀神話需要強韌的想像力，而且「對神話的解讀，可以說是因人而異」（同）。每個人對神話的理解與解釋也都不一樣。以作者的專業領域為例，佛洛伊德與榮格對神話的解釋就大相逕庭。譬如佛洛伊德著名的「伊底帕斯情結」，在本書中也有令人印象非常深刻的介紹，而書中的介紹是根據佛洛伊德對於希臘神話的解釋。相較之下，提出「阿闍世情結」的古澤平作所提出的神話與解釋，就與佛洛伊德完全不同。當然，參考煉金術與諾斯底主義並展開「原型」論的榮格，提出的解釋也與前兩者完全相異。

話雖如此，「神話帶給人類的智慧深不可測」（同）也是事實。我從十歲開始閱讀《古事記》與希臘神話，自此之後的五十五年，一直把神話當成案頭書，對我而言，神話帶來的啟發極為深遠而有益。

我認為神話、儀式與聖地，是宗教的三元素，而神話描述的就是世界的起源與人類的來歷。神話說明了我們為何、又是如何出現在這個世界（宇宙）上，我們從哪裡來，又該往哪裡去。這是一種藉由故事說明世界與人類的表現。

至於儀式，則是以神話為基礎、與神話連動的身體技法及表現，人們可藉此實現與神靈等超越界的接觸，獲得在這個世界活下去的動力與慰藉。至於聖地，則是敘述神話之類的神聖故事，以及執行儀式的神聖場所或空間，也是神聖之物降凡、顯靈的場所，通往超越界的孔道、通道、迴路或出入口。換句話說，聖地就是連結凡間與神聖次元的場域。

如此一來，具備神話、儀式與聖地這三樣共通元素的宗教，就可說是「建立在與神聖之物的關係上的傳思[2]（超越）技術體系」。描述世界起源的創世神話，表達的是宇宙、人類與文化的開端，而人類透過為各種現象命名，進行故事性的說明，確認自己在這個世界上的定位與地位。所謂的神話，就是透過故事進行自我確認或自我定義的行為。

如同作者自己所言，本書是「把焦點放在理解人心的神話解讀入門」（同），書中滿滿都是清楚易懂的線索。

雖然說從神話中學習，但也不能只埋首於神話的解釋，還必須將自我分析與現代人心理狀態的洞察，和神話故事做一個完美的銜接。作者指出，現代人「普遍性的不安有一部分源自於『喪失關係性』」（第二十三頁），我們「一回過神來突然發現，自己與任何人事物都沒有連結，在這個世界上是孤獨的存在」（同）。

對於懷著這種喪失關係性與孤獨的我們而言，高尚的理念與理想，不可能直接化為力量與智慧。身為臨床心理專家的作者深刻發現到「『世界和平』或『人類的幸福』等等值得感激的事物，意外地不足以成為支撐一個人的力量」（第二十六頁），所以需要「發現『自己的樹』」（第二十七頁）。作者透過臨床案例，介紹了一位個案的經歷，「他在樹林裡走著走著，憑直覺找到了『自己的樹』。從此之後，他每天都會去探望那棵樹，而他也覺得自己的人生從這時開始改變了」（同）。「我」需要一棵不屬於任何人，只屬於「自己」的樹，這種個別且微不足道的故事支持著我們。而這種「支撐人類的故事，卻有著不可思議的普遍性」（第二十七到二十八頁）。

作者指出，現代人多數罹患「關係喪失病」。「科學的認知與神話的認知」[3]在這種情況下完全無法取得平衡，呈現由「科學認知」占上風的狀態。「『科學的認知』逐漸破壞了『神話的認知』，所以才會有愈來愈多現代的日本人為（中略）『關係喪失病』所苦」（第三十一頁）。而「『神話的認知』消失，也使得這個世界逐漸失去『聖域』」（同）。

在這個人們遭遇心靈危機的時代，「瑞士的深層心理學家榮格，曾形容這種感覺就像自己問自己『你靠著什麼樣的神話活下來？你的神話又是什麼？』」（第三十二頁）。我希望把這個問題的普遍性與深度銘記在心。學習宗教與神話的我，對作者這句「心理治療師在工作時到底還能依靠什麼呢？或許就只能依靠存在於每個人無意識中的『神話產生機能』了吧」（第三十三頁）深感共鳴。但於此同時，作者也鄭重指出神話產生機能的危險性：「各位從奧姆真理教的例子也能知道，心理治療師必須充分理解『神話的認知』所具有的危險性。」（第三十四頁）。如果問題淹沒在象徵性思考的汪洋之中，就會看不清夢境與現實之間細緻微妙的銜接處或迴路，以為夢境就是一切，至於「科學認知」切割、分析、批判性研究的作用就無法發動。換句話說，走上水火二河之間的狹小白道[4]，對於這樣的平衡相當重要。

關於「神話的認知」，作者提出這樣的例子：「即使現代日本人夢境中出現的重要主題，聽起來就像古賽爾特的民間故事也不足為奇。」（第三十四頁）夢境與原型等，在集體無意識的世界中，透過象徵性思考的汪洋全部連結在一起。所以「理解古代流傳下來的『眾神的故事』，不單單只是瞭解古代奇談，也能從中汲取出可以應用在現代生活的智慧」（同）。更重要的是，眾神的姿態「最適合用來展現人類的內心體驗」（第四十二頁）。因為神話就是將「人類內在體驗」的世界，以故事的方式表達出來。

我們必須再一次巧妙地與這些神話往來。因為「二十一世紀背負著讓曾經一度被否定的神話再度重生的任務，所以，有必要重新閱讀神話」（第四十三頁）。作者也介紹了美國知名神話學者喬瑟夫．坎伯對於與神話相處的看法：「對此，坎伯表示：『每個人都必須找出與自己生活相關的神話型態。』換句話說，團體擁有共同神話的時代已經終結，每個個人必須靠著自己的責任與努力，從自己的生活方式中找出『神話的樣貌』。」（第四十四到四十五頁）

作者也舉出與神話相處的具體例子。譬如《舊約聖經》的天地創造神話，就可以從各種不同的觀點解讀。「如果把光的出現帶來的光與暗的區別，看成是人類『意識』的起源，並且把這個起源想成來自『神的言語』，而其『言語』是人類可以理解的語言，就會發現沒有其他神話能如此明確地顯示出『言語』在『意識』成立時的重要性」（第五十四頁）。如果把光與暗的區別看成是人類意識的起源，就能清楚看見以言語為現象命名、做出區別的意義與力量。此外作者也將《舊約聖經》與日本神話及納瓦荷族的神話進行比較，不只介紹「天地創造」型的神話，也介紹「天地分離」型的神話。

關於「知」的作用方面，作者也提到「人類是『有求知欲』的動物」（第六十二頁），而「『知』對人類而言具有兩種相反的面向」（同），但「神話一般來說，描述的多半是『知』的危險性」（同）。

作者就這樣慎重地走進神話的森林，環顧整座森林的景色。他手上拿著森林的地圖，一邊記住，一邊仔細玩味每一棵樹的特色與意義。

譬如「基督信仰雖然重視『原罪』，也就是『罪』的意識，但在『罪』之前，先提到的是『羞恥』的情緒。而且人類以『自然』狀態為恥，所以開始採取反自然的行動，接著伴隨而來的才是『原罪』這樣的代價」（第六十五頁）、「『火』具有許多意義，其中之一就是『意識』。火讓人在黑暗中也能視物，換句話說與『知』有關。因此在神話中，『火』扮演著非常重要的角色」（第六十八頁）、「希臘神話中的神，拒絕將火給人類。英雄普羅米修斯勇敢地為人類盜取火種，而他也因此必須承受前述的嚴峻苦難。／相較之下，日本的神則是犧牲自己而帶來了火。因為偉大的母親，願意給孩子所有的一切。／如果我們把「火」看成是意識的象徵，並且解釋成與『知』有關，那麼日本的神，就承擔了《舊約聖經》、北歐神話或希臘神話中所提到的『知』所帶來的苦惱。人類只需要接受，沒有任何痛苦。／我不知道其他國家是否有類似的故事，也不確定能否斷言這個故事就是日本人『安逸』的根本」（第六十九到七十頁）等等。

此外，《舊約聖經》的天地創造神話傳入日本，翻譯成隱藏的天主教徒的神話《天地始之事》，在這個過程中「『原罪』不復存在」（第七十四頁）。神話也因為每個地區的特色與國情，產生了各式各樣的變形、變化與版本。譬如，作者就舉出日本特有的強烈女神信仰或母神信仰。「把太陽當成女神的情況，放眼全世界也相當少見，就我所知，除了日本之外，就只有在美洲原住民因紐特族、切羅基族與猶奇族的神話中看得到。從這點也能看出太陽是女神這點，在日本神話中的重要性」（第八十七頁）。但即便如此，這位女性太陽神依然具有下列特色：「日本的太陽女神『天照大神』，並沒有誕生自『母親—女兒』的循環。她是『父親的女兒』。在此省略詳細的描述，總而言之，天照大神從父親伊邪那岐的左眼出生，是名未曾看過母親的女性，因此她的形象並非單純展現女性的優越性，而是建立在女性與男性的平衡之上。」（第九十一頁）最後作者也提醒大家日本神話「曖昧」的智慧。

除此之外，本書也盡情闡述河合日本神話論中知名的「中空結構論」，以及素盞嗚尊搗蛋鬼論。搗蛋鬼是「在文明根本的起源中，擁有特別且永遠的訴求力，以及對人類而言具有少見魅力的人物」（第一三八頁），他「既是創造者也是破壞者，既是贈與者也是反對者，是一個欺騙別人，而自己也被欺騙的人物」（同）。作者不僅注意到「搗蛋鬼的自在性與歧義性」（第一四三頁），也同時指出「青春期或許也可說是搗蛋鬼的時期」（第一四九頁）。他將神話與生命循環巧妙地銜接，使兩者重合在一起，從中產生意想不到的「生命啟示」，展現人生的觀點。此外，作者也解釋了象徵性次元上「弒父」、「弒母」，以及「制伏怪物」的意義與作用，並賦予惡及罪（原罪）的神話與解釋根本上的啟示。

我認為人與動物的關係也相當重要。作者提到「現代人認為人類不同於其他動物，人類是高等的，而動物是低等的，兩者涇渭分明。但神話的思維卻截然不同，接下來我們就針對這點來探討。／神話中的動物擁有高深的智慧，有時甚至超越人類的思維。人類只有透過向動物『學習』，才能獲得新知並逃離危險。展現這點的故事或神話幾乎可說俯拾即是」（第一五二到一五三頁）、「現代或許更需要動物神」（第一五七頁）、「人類為了活下去，必須奪去其他生物的生命。如何解釋這點，是個很大的問題。而原始時代的神話，就對此準備了相當完美的答案。／人類雖然會將動物殺來吃，但也因為神話的解釋而對動物懷著感謝與敬畏，避免濫捕與無意義的殺生」（第一六一頁）。

許多神話都基於對動物及自然深刻的「敬畏與感謝」展現出生態智[5]，而作者從中窺見其現代的意義與未來的可能性。神話嚴格禁止只有人類是特別的，什麼都會、做什麼都可以的自大與「慢」（傲慢、高慢）。神話在跨越好幾百年的人類歷史中誕生、流傳，為了仔細咀嚼神話中描述的禁忌、侵犯與僵局的意義，我們必須更深刻且切實地披荊斬棘深入「神話的智慧」與「神話心理學」。這雖然稱不上佛典的「如是我聞」，但我從河合隼雄逝世十週年當中接收到這樣的訊息。

註釋

1 編註：本書日文版的出版時間，為二〇一六年。

2 譯註：trance，是一種意識的轉換或變異狀態，譬如迷離、出神、靈魂出竅之類的狀態。

3 註：中村雄二郎『哲学の現在』，岩波新書。

4 譯註：典故來自佛教中「二河白道」的比喻。

5 註：基於對自然的深刻謙卑、畏懼與敬畏，透過在生活中敏銳的觀察與經驗，推敲出能永續維持自然與人工之間創造性平衡系統的智慧與技法。

「故事與日本人的心」選輯

發刊詞

岩波現代文庫最早發行的河合隼雄選輯，是包含《榮格心理學入門》與《佛教與心理治療藝術》等等在內的「心理治療」系列。對於以心理治療為專業的河合隼雄來說，這樣的選擇應該是非常適合的。接下來的「孩子與幻想」系列，也考慮到河合隼雄最主要的工作與孩子有關，同時，「幻想」也是榮格心理學中重要的概念。然而在從事心理治療工作的基礎上，河合隼雄達到了自己思想的根本，而這根本的關鍵字就是「故事」。因此，該系列收錄了《日本人的傳說與心靈》和《神話與日本人的心》等主要著作。

在心理治療中，治療師傾聽患者所敘述的故事。但是河合隼雄之所以重視「故事」，其意義不止於此；因為河合隼雄在心理治療中最關心的，是存在於個人內在的 realization 之傾向。這裡刻意使用了 realization 這個英文字，是因為它同時具有「實現某種事物」與「知道、理解某種事物」雙方面的意義。而就像故事有其劇情，能在「理解的同時逐漸實現」的，就是「故事」，不是別的。正因為如此，故事非常重要。故事究竟是什麼？在河合隼雄人生的最後，

他和小川洋子對談的標題「生命就是創作自己的故事」（生きるとは、自分の物語を作ること），如實地呈現了這個問題。

故事在河合隼雄的人生中，具有重要的意義。首先，河合隼雄從小生長在豐富的大自然環境之中，但他很喜歡看書，特別是故事書。有趣的是，他喜歡閱讀故事，卻對所謂的文學感到格格不入。雖然小時候、年輕的時候，吸引他的都是西洋的故事，這套選輯卻如標題「故事與日本人的心」所示，主要探討的是日本的故事。戰爭的經驗，使他厭惡日本的故事與神話，但後來他之所以不得不面對它們，和他經由夢等等分析自身的經驗有關。在日本從事心理治療工作的經驗，迫使他認識到日本故事的重要性——對日本人的心來說，日本的故事就像來自遠古的歷史沉積。這樣的認識，促使他完成了許多關於日本故事的著作。

這套選輯中的《日本人的傳說與心靈》（決定版），是透過民間故事分析日本人心靈的作品。在那之前，河合隼雄一直扮演的，是將西方的榮格心理學介紹給日本的角色。一九八二年他以這部作品，首次向世界提出自己獨創一格的心理學，不但得到大佛次郎獎，更可以說讓河合隼雄超越了心理學的領域，獲得了屹立不搖的名聲。和這本書比肩的是《神話與日本人的心》。這部作品的原型是他一九六五年取得榮格派分析師資格時，以英文撰寫的論文；經過將近四十年的醞釀發酵，再加上「中空結構論」與「蛭子神論」，於二〇〇三年，七十五歲的時候執筆而成。以某種意義來說，這是他集大成的作品。

關注故事的過程中，河合隼雄注意到中世，特別是中世的物語文學，對日本人心靈的重要性，於是他開始致力在這方面。《源氏物語與日本人》以及探討《宇津保物語》、《落窪物語》等中世物語文學的《活在故事裡：現在就是過去，過去就是現在》（《物語を生きる：今は昔、昔は今》），就出自這樣的脈絡。

相對地，《民間故事與現代》（《昔話と現代》）與《神話心理學》則把焦點放在故事的現代性。收錄在「心理治療」系列中的《生與死的接點》，因為篇幅的關係，將第二部分的〈民間故事與現代〉獨立出來，再加上探討「片子」[1]的故事（河合隼雄認為它承繼了蛭子神的傳說）的一章做為壓卷，就構成了《民間故事與現代》一書。《神話心理學》原本連載於雜誌《思考者》（《考える人》），如原先的標題「眾神的處方箋」所示，聚焦在人類心靈的理解，以之解讀各式各樣的神話。

這個選輯，幾乎網羅了河合隼雄關於故事的大部分作品。未能收錄在這個系列的重要作品，大概還有《換身男與女》（《とりかへばや、男と女》，新潮選書）、《解讀日本人的心：走入夢、神話、故事的深層》（《日本人の心を解く：夢・神話・物語の深層へ》，岩波現代全書）、《故事的智慧》（《おはなしの智慧》，朝日新聞出版）等等，還希望讀者能夠互相參照閱讀。

藉著這個出版的機會，我要向同意出讓版權的小學館、講談社、大和書房，以及當時負責這幾本書的猪俣久子女士、古屋信吾先生致謝。還有在百忙之中慨允為各書撰寫解說的各位、擔任企劃、校閱的岩波書店的中西澤子女士，以及前總編輯佐藤司先生，致上深厚的謝意。

二〇一六年四月吉日

河合俊雄

註釋

1 譯註：「片子」是日本各地自古相傳的民間故事中，鬼與人類之間生下來的、半人半鬼的孩子。片子從鬼島回到日本後，生活困難，在大多數故事的結局中，最後自殺了。

附錄
延伸閱讀

- 《源氏物語與日本人：女性覺醒的故事》（2018），河合隼雄，心靈工坊。
- 《當代精神分析導論：理論與實務》（新譯本）（2017），安東尼・貝特曼（Anthony Bateman）、傑瑞米・霍姆斯（Jeremy Holmes），心靈工坊。
- 《青春的夢與遊戲：探索生命，形塑堅定的自我》（2016），河合隼雄，心靈工坊。
- 《被遺忘的愛神：神話、藝術、心理分析中的安特洛斯》（2015），奎格・史蒂芬森，心靈工坊。
- 《當村上春樹遇見榮格：從《1Q84》的夢物語談起》（2014），河合俊雄，心靈工坊。
- 《高山寺的夢僧：明惠法師的夢境探索之旅》（2013），河合隼雄，心靈工坊。
- 《英雄之旅：個體化原則概論》（2012），莫瑞・史丹（Murray Stein），心靈工坊。
- 《榮格心理治療》（2011），瑪麗-路薏絲・馮・法蘭茲（Marie-Louise von Franz），心靈工坊。
- 《日本人的傳說與心靈》（2004），河合隼雄，心靈工坊。
- 《北歐神話學》（2018），保羅・賀爾曼（Paul Herrmann），商周。

- 《日本神話故事》（2017），洪維揚，好讀。
- 《凱爾特神話事典》（2017），森瀨繚，楓樹林出版社。
- 《國家地理 北歐神話故事：關於陰謀、詐術、情愛與復仇的故事》（2016），唐娜．喬．納波里（Donna Jo Napoli），大石國際文化。
- 《國家地理 埃及神話故事：神祇、怪物與凡人的經典傳說》（2015），唐娜．喬．納波里（Donna Jo Napoli），大石國際文化。
- 《國家地理 希臘神話故事：天神、英雄與怪獸的經典故事》（2015），唐娜．喬．納波里（Donna Jo Napoli），大石國際文化。
- 《神話的力量》（2015），喬瑟夫．坎伯（Joseph Campbell），立緒。
- 《圖解日本神話》（2014），山北　篤，奇幻基地。
- 《丘比德與賽姬：陰性心靈的發展（修訂版）》（2013），埃利希．諾伊曼（Erich Neumann），獨立作家。
- 《宗教學暨神話學入門》（2012），董芳苑，前衛。
- 《神話與意義》（2010），李維史陀（Claude Levi-Strauss），麥田。
- 《變形記》（2008），奧維德（Publius Ovidius Naso），書林。

Master 060

神話心理學：來自眾神的處方箋

神話の心理学—現代人の生き方のヒント

作者：河合隼雄　編者：河合俊雄

譯者：林詠純

出版者—心靈工坊文化事業股份有限公司
發行人—王浩威　總編輯—徐嘉俊
特約編輯—陳慧淑　責任編輯—林妘嘉　內頁排版—李宜芝
通訊地址—10684台北市大安區信義路四段53巷8號2樓
郵政劃撥—19546215　戶名—心靈工坊文化事業股份有限公司
電話—02）2702-9186　傳真—02）2702-9286
Email—service@psygarden.com.tw　網址—www.psygarden.com.tw

製版・印刷—彩峰造藝印像股份有限公司
總經銷—大和書報圖書股份有限公司
電話—02）8990-2588　傳真—02）2290-1658
通訊地址—248新北市新莊區五工五路二號
初版一刷—2018年09月　初版四刷—2024年03月
ISBN—978-986-357-127-8　定價—320元

國家圖書館出版品預行編目資料

神話心理學 / 河合隼雄著 ; 河合俊雄編 ; 林詠純譯. -- 初版. -- 臺北市 : 心靈工坊文化, 2018.09
面 ;　公分. -- (故事與日本人的心 ; 2) (Master ; 60)
譯自 : 神話の心理学 : 現代人の生き方のヒント

ISBN 978-986-357-127-8(平裝)

1.神話　2.心理學

280.14

107012655

心靈工坊 PsyGarden 書香家族 讀友卡

感謝您購買心靈工坊的叢書，爲了加強對您的服務，請您詳填本卡，
直接投入郵筒（免貼郵票）或傳眞，我們會珍視您的意見，
並提供您最新的活動訊息，共同以書會友，追求身心靈的創意與成長。

書系編號－MA060　　書名－神話心理學：來自眾神的處方箋

姓名　　是否已加入書香家族？ □是 □現在加入

電話（公司）　（住家）　手機

E-mail　生日　年　月　日

地址 □□□

服務機構／就讀學校　職稱

您的性別—□1.女 □2.男 □3.其他

婚姻狀況—□1.未婚 □2.已婚 □3.離婚 □4.不婚 □5.同志 □6.喪偶 □7.分居

請問您如何得知這本書？

□1.書店 □2.報章雜誌 □3.廣播電視 □4.親友推介 □5.心靈工坊書訊 □6.廣告DM □7.心靈工坊網站 □8.其他網路媒體 □9.其他

您購買本書的方式？

□1.書店 □2.劃撥郵購 □3.團體訂購 □4.網路訂購 □5.其他

您對本書的意見？

封面設計	□ 1.須再改進	□ 2.尚可	□ 3.滿意	□ 4.非常滿意
版面編排	□ 1.須再改進	□ 2.尚可	□ 3.滿意	□ 4.非常滿意
內容	□ 1.須再改進	□ 2.尚可	□ 3.滿意	□ 4.非常滿意
文筆／翻譯	□ 1.須再改進	□ 2.尚可	□ 3.滿意	□ 4.非常滿意
價格	□ 1.須再改進	□ 2.尚可	□ 3.滿意	□ 4.非常滿意

您對我們有何建議？

□ 本人＿＿＿＿＿＿（請簽名）同意提供真實姓名/E-mail/地址/電話/年齡/等資料，以作為心靈工坊聯絡/寄貨/加入會員/行銷/會員折扣/等用途，詳細內容請參閱：http://shop.psygarden.com.tw/member_register.asp。

廣　告　回　信
台北郵局登記證
台北廣字第1143號
免　貼　郵　票

心靈工坊 PsyGarden

台北市106 信義路四段53巷8號2樓

讀者服務組　收

免　　貼　　郵　　票

（對折線）

加入心靈工坊書香家族會員
共享知識的盛宴，成長的喜悅

請寄回這張回函卡（免貼郵票），
您就成爲心靈工坊的書香家族會員，您將可以——

⊙隨時收到新書出版和活動訊息

⊙獲得各項回饋和優惠方案